Impressum

Tanja Klein; Dr. Rolf Klein: Keine Angst vorm Winzer

Markgrafenstraße 12, 60487 Frankfurt am Main

Weitere Titel des B3 Verlages unter www.bedrei.de

Gestaltung, Satz und Umschlag: Robin Pillmann und Silke Pütz, Frankfurt am Main
Illustrationen: Gabriel Schirmer, Frankfurt am Main
Lektorat: Dr. Andrea Rinnert, Frankfurt am Main
Printed in Germany

ISBN 978-3-938783-49-8

Tanja Klein · Rolf Klein

Keine Angst vorm Winzer

Der kompakte Ratgeber für den Direkteinkauf
bei Winzern und Händlern

B3 Verlag

Dank

... an alle Winzer und Winzerinnen, die uns seit
Jahren mit ihren tollen Weinen erfreuen
... an Emanuela da Pra, Romain Mondloch und
David Schwarzwälder für ihre Hilfe
... an alle Käuferinnen und Käufer dieses Buches

Rolf Klein und Tanja Klein

Inhalt

Über dieses Buch

Wie werde ich Weinkenner oder Weinkennerin? So lautet die häufigste Frage, die sich Menschen stellen, die gerne mehr über Wein wissen möchten. Die Antwort: probieren, probieren, probieren. Und lesen, lesen, lesen. Aber: Kein Buch, kein Wein-Newsletter kann den Tropfen auf Ihrer

Zunge ersetzen. Nur durch Probieren schulen und entwickeln Sie Ihren Geschmackssinn und gewinnen die nötige Erfahrung, aus der Ihre Urteilskraft resultiert. Weinkenner sein heißt zu wissen, warum ein Wein so ist, wie er ist – und zu beurteilen, wie er ist.

Wo können Sie probieren? Beim Winzer oder beim Weinhändler. Der Weg dorthin führt über die Sprache. Bevor Sie probieren, müssen Sie sagen, welchen Wein Sie probieren möchten. Woher Sie das wissen sollen? Sie können sich auf die Begegnung mit Winzern oder Händlern vorbereiten, indem Sie Zeitschriften, Bücher oder Kataloge und Preislisten studieren. Oder dieses Buch lesen. Es kann eine Menge Literatur ersetzen, denn es zeigt Ihnen den Weg zum Gespräch mit Winzern und Wein-Experten. Sie erfahren, was Winzer tun, wie sie denken und was sie mit ihren Weinen wollen. Überall. Das Grundsätzliche ist bei allen Winzern von Neuseeland bis Rheinhessen gleich: worauf es beim Wein ankommt und wie Qualität entsteht.

Wenn Sie diese Grundlage beherrschen, fällt der Einsteig ins Gespräch leicht. Und das bedeutet: Sie finden schneller die Weine, die Sie probieren, probieren, probieren sollten. Lernen und Genießen mit Spaß. Denn noch ein dritter Weg führt zum Weinkenner: reden, reden, reden! Worüber? Über Wein natürlich!

I.

Sprechen Sie Wein?

„Wenn der Wein schmeckt, reicht das doch" – oder: Warum über Wein reden?

Ein Wein muss schmecken. Wenn das alles ist, was Ihnen zu diesem Thema einfällt, müssen Sie kein schlechtes Gewissen haben. Es gibt Leute, deren Interesse an Autos sich in der lapidaren Feststellung erschöpft, der fahrbare Untersatz habe einen von A nach B zu bringen. Punkt. Damit kann man leben.

So wenig jedoch dieser Pragmatismus mit der bekannten „Faszination Fahren" zu tun hat, so fern liegt für diejenigen, denen Wein bestenfalls ein Getränk ist, der Genuss – und damit ein Bereich des Lebens, den mancher für unverzichtbar hält.

Wahrer Genuss ist geteilter Genuss. Der schönste Urlaubsstrand ist ohne jemanden, der Ihre Begeisterung und Ihr

Wohlgefühl teilt, nur halb so schön. Deshalb wurde die Postkarte erfunden. (Oder meinen Sie, irgendein Hahn in der Ferne krähe wirklich danach, ob an Ihrem Aufenthaltsort das Wetter schön und das Essen gut ist?)

Genuss möchte nicht nur geteilt, er möchte mitgeteilt werden. Weingenuss ist in seiner schönsten Form gesellig. Von den meisten Genussmitteln wie Kaffee oder Tee unterscheidet sich der Wein dadurch, dass er unter seinen Liebhabern zum unerschöpflichen Gegenstand langer Gespräche und Erörterungen wird. Sogar eigene Veranstaltungen sind ihm gewidmet: Weinproben, Weinfeste, Weinmessen. Anders als Bier oder Schokolade steht der Wein im Mittelpunkt solcher Ereignisse, vergleichbar höchstens der Zigarre, deren Liebhaber sich in Clubs treffen (dort aber meistens in die Zeitung vertieft sitzen).

Und schließlich: Über Wein kann man fachsimpeln – es hat sich eine Fachsprache herausgebildet. Wie alle Fachsprachen ist sie das Erkennungsmerkmal einer bestimmten Gruppe. Wer zu den Weinliebhabern zählen will, muss sich mit deren Jargon auskennen oder er läuft Gefahr, sich als Nichtzugehöriger zu verraten.

Kann man Wein genießen, ohne zu wissen, was „Abgang“ oder „Tannin“ ist? Selbstverständlich. Kann man sich ohne diese Kenntnisse mit einem Weinprofi oder Kenner über

Wein unterhalten? Schwerlich. Zumindest wird man im Gespräch sehr bald auf derlei Fachbegriffe stoßen.

Manche empfinden diese Sondersprache der Weinliebhaber als künstlich aufgebautes Hindernis. Für Einsteiger ist sie zweifellos eine Hemmschwelle. Ihr eigentlicher Zweck ist aber, adäquat auf die Besonderheiten des Weins einzugehen. Und warum? Weil es Spaß macht!

Gelegenheitstrinker, Weinliebhaber und Weinfreaks

Haben Sie schon angefangen, sich für Wein zu interessieren? Auf dem Weg zum Wein gibt es viele Stationen. Wo Sie auf diesem Weg stehen, können Sie in diesem Abschnitt ermitteln.

Der Unterschied zwischen dem *Gelegenheits-Weintrinker* und dem Weinliebhaber lässt sich leicht erkennen. Der Erste lässt den Wein auf sich zukommen und nutzt durchaus gerne eine sich zufällig ergebende Gelegenheit, ihn zu trinken: den Restaurantbesuch, eine Einladung, die Party, eine Familienfeier. Über die sich daraus ergebenden Basiskenntnisse kommt er kaum hinaus. Zu Hause hat er keinen oder nur einen Ad-hoc-Vorrat an Wein für besondere Gelegenheiten.

Daran erkennen Sie den Gelegenheits-Weintrinker

Aussage: „Ich kenne mich mit Wein nicht so aus."
Sie wissen: Hier geht einer auf Nummer sicher – Bequemlichkeit oder Angst vor Blamage. Dabei geht es doch nicht darum, sich auszukennen, sondern darum, Spaß am Wein zu haben. Ob ein Wein schmeckt, kann jeder feststellen, auch ohne sich auszukennen.

Aussage: „Den besten Champagner gibt's doch bei Aldi!"
Sie wissen: Definitiv nicht. Die Fakten: Aldi hat mal vor Jahren in einer Verkostung Glück gehabt. Aber in vielen anderen Blindverkostungen unter Profis kam der Aldi-Champagner nicht auf Spitzenplätze, sondern landete – dem Preis durchaus angemessen – im Mittelfeld.

Aussage: „Ist der auch trocken?“
Sie wissen: Dass ein Wein unbedingt trocken sein muss (Restzucker bis neun Gramm pro Liter – das sind maximal drei Stück Würfelzucker), war in der Zeit ein Novum, als deutsche Weine meistens lieblich waren. Feinschmecker sahen auf alles herab, was sie für „süße Plörre“ hielten. Fakt ist: Zu vielen Speisen passen halbtrockene, auch liebliche Weine besser, als viele denken. Warum sollte man sich diese Genüsse entgehen lassen?

Aussage: „Fisch muss schwimmen.“
Sie wissen: Ein Allgemeinplatz, den jeder kennt. Fisch und Wein sind prima Partner. So weit die Tatsachen. Aber nun die Qual der Wahl! Nicht jeder Wein eignet sich für jeden Fisch.

Aussage: „Von Wein bekomme ich Kopfweh!“
Sie wissen: Echte Unverträglichkeit ist selten. Kopfweh nach Weingenuss stellt sich häufig nach zu viel schlechtem Wein, zu vielen Zigaretten oder auch nach Genuss histaminhaltiger Lebensmittel (Käse) ein. Weingenießer halten Maß und wählen ihren Wein mit Bedacht. Es ist dann auch kein Problem, Weiß- und Rotweine nebeneinander zu trinken. Nur Laien meinen, man dürfe verschiedene Weine nicht „durcheinander“ trinken.

Der *Weinliebhaber* verfolgt den Genuss aktiv. Er schafft Gelegenheiten selbst, um Wein genießen zu können: das tägliche Essen oder das sonntägliche Menü, den Gang zum Fachhändler, die Lektüre einschlägiger Bücher oder Zeitschriften, die Verabredung mit Freunden zum Besuch eines Weinfests, den Urlaub in einer Weinregion. Ein Erkennungsmerkmal vieler Weinliebhaber sind kleine Jahrgangstabellen im Scheckkartenformat, die beim Einkauf als Orientierung dienen (der fortgeschrittene Weinliebhaber und erst recht der Weinfreak brauchen diese Hilfe ebenso wenig wie ein echter Koch die peinlich genauen Gewichtsangaben bei den Zutaten eines Rezepts). Oft werden auch Empfehlungen von Freunden oder Fachleuten befolgt. Das Gespräch mit dem Winzer sucht der Weinliebhaber nicht unbedingt, scheut davor aber auch nicht zurück, wie es der Gelegenheits-Weintrinker tun würde. Insgeheim fürchtet er jedoch, sich dabei als nicht ganz kompetent zu entlarven. Lieber tauscht er sich mit anderen Weinliebhabern aus. Ab und zu probiert er auch einmal etwas Neues. Aber die meisten Weinliebhaber bleiben „ihrem" einmal gefundenen Winzer oder Weinstil treu. Sie glauben, das müsse bei einem wahren Kenner so sein. Man hat ja schließlich auch „seinen" Italiener an der Ecke und verbringt seit 15 Jahren seinen Urlaub auf dem gleichen Campingplatz. Der wahre Grund für derlei Selbstbeschränkung liegt unbewusst in einer gewissen genügsamen Bequemlichkeit oder Unkenntnis. Wahre Weinfreaks wollen immer „alles" wissen und sind stets neugierig! Ein gewisser Weinvorrat zu Hause ist bei Weinliebhabern üblich, doch werden dafür meist keine größeren Investitionen getätigt, zum Beispiel der Ausbau eines Weinkellers.

Daran erkennen Sie den Weinliebhaber

Aussage: „Man müsste viel mehr über Wein wissen!"
Sie wissen: Aha, da hat jemand Feuer gefangen! Mit diesem Satz fängt bei vielen die Leidenschaft für Wein an. Welche Schritte nun dazu unternommen werden, das ist die Frage. Auch wer wenig Zeit hat, kann am Wein Spaß haben – gerade dann!

Aussage: „Ich kaufe immer bei unserem Winzer!"
Sie wissen: Einerseits gut. Vielleicht fehlt ein bisschen Neugier? Auch der Vergleich gehört zum Genuss. Wein ist kein Ehepartner, jahrelange Treue ist nicht erforderlich. Was ist das für ein Liebhaber, der keine Abwechslung mag?

Aussage:„Ich habe ein paar gute Tropfen zu Hause im Keller."
Sie wissen: Hier wurde erkannt, dass Wein einen gewissen Statuswert hat. Wenn danach abgewiegelt wird („Aber ich habe so wenig Platz", „Aber ich trinke zu selten Wein"), kocht die Leidenschaft auf eher kleiner Flamme.

Aussage: „Ich gebe nie mehr als 5 Euro für eine Flasche Wein aus."

Sie wissen: Fünf-Euro-Weine, sofern ordentlich gemacht, sind okay. Wer trinkt schon jeden Tag eine 35-Euro-Bombe? Aber wer immer nur in diesen Gefilden fischt, macht was verkehrt. Schon wegen der Urteilskraft und Erfahrung, die einfach fehlen. Jeden Tag Kartoffeln essen ist auch langweilig.

Aussage: „Hat dieser Wein über 90 Punkte?"

Sie wissen: Aha, da hat jemand mal was von Robert Parker gehört, dem so oft als „Weinpapst" bezeichneten Punktegeber aus den USA. Man braucht sich gar nicht auf Diskussionen einzulassen, ob Parker gewollt oder ungewollt durch seine viel beachtete Punktevergabe (Höchstzahl: 100) die Art der Weine der Welt in eine bestimmte Richtung getrieben habe. Der Mann ist ein anerkannter Weinbeurteiler, hat schon viel verkostet – und eben seinen eigenen Geschmack. So wie jede und jeder. Aber es schadet nicht, seinen Namen zu kennen.

Der *Weinfreak* geht einen Schritt weiter: Er sucht gezielt jede verfügbare Information über Weinregionen, Weine und Winzer. Er verfügt über eine ansehnliche Sammlung, die oft systematisch angelegt und genau sortiert ist. Kellerbücher – Verzeichnisse der angeschafften Weine und ihres Verbrauchs mit genauen Beschreibungen – werden oft geführt. In eine kleine Kladde, die er bei jeder Begegnung mit Wein bei sich führt, trägt der Weinfreak ausführliche Verkostungsnotizen ein. In seiner Bibliothek fehlen aktuelle Weinführer nicht. Ist der Weinliebhaber vielleicht Abonnent einer Zeitschrift, hält der Weinfreak oft mehrere Titel, darunter auch Newsletter. Er beteiligt sich nicht selten an Blogs im Internet und liebt nichts mehr, als mit Gleichgesinnten über Wein zu diskutieren – auf die Gefahr hin, Unbeteiligte zu langweilen. Mit Sommeliers und Weinkellnern in Restaurants fachsimpelt er gerne, noch lieber weist er ihnen Unkenntnis nach. Die Bewertungen internationaler Weinkritiker sind ihm vertraut. Der fortgeschrittene Weinfreak hat daran allerlei zu bemängeln; er misstraut jedem, der sich für einen Weinkenner oder -experten ausgibt. Auch den Winzern wird grundsätzlich misstraut – einer könnte es ja wagen, ihm einen minderwertigen Tropfen zu einem überhöhten Preis anzudrehen. Selbst bei Erzeugern, die der Weinfreak als „spitze" einstuft, wird jeder Jahrgang akribisch geprüft und verglichen. Bestimmte Einkaufsquellen wie Supermärkte und Discounter sind für ihn grundsätzlich tabu. Zu Hause stehen alle erdenklichen, auch unsinnigen Accessoires zur Verfügung: kostspielige Gläser für jeden Weintyp – ein Weinfreak weiß, warum für den Chardonnay ein anderes Glas erforderlich ist als für den Riesling –, Karaffen, Drop-Stop (eine Einschenkhilfe), Korkenzieher weit jenseits dessen, was die Haushaltswarenabteilung im Supermarkt anbietet, Kühler, Kühlmanschetten und mehr. Sehr beliebt sind auch spezielle Verkostungsgläser, die in einem kleinen Lederetui zu Weinverkostungen mitgenommen werden. Für die Verkostung zu Hause hat sich der Weinfreak ein Gefäß auserkoren (oder gekauft), das die ausgespuckten Weinreste aufnimmt. Wenn es die räumlichen Verhältnisse zulassen, besitzt er einen Weinklimaschrank. Weinfreaks nutzen jede Gelegenheit, die sich bietet, um ihren Horizont zu erweitern. Dabei versuchen sie, Zugang zu Veranstaltungen zu erlangen, die für ein professionelles Publikum (Händler, Einkäufer) gedacht sind: Fachmessen, Roadshows (kleine Verkostungsveranstaltungen, bei denen sich Winzer einer Region präsentieren). Als Stammkunde bei Winzern oder Weinhändlern wird der Weinfreak zu deren Verkaufsveranstaltungen und Hausmessen regelmäßig eingeladen. Er ist bereit, für eine besondere kulinarische Weinprobe oder eine Raritätenverkostung tief in die Tasche zu greifen. Während also der Weinliebhaber Anlässe schafft, um Wein zu genießen, sind solche Anlässe – auf einem gehobenen Niveau – ein wichtiger Teil der Lebensplanung eines Weinfreaks, dem sich vieles unterzuordnen hat. Manchmal auch die Partnerschaftsbeziehung.

Der *Weinsammler*, der kostbare Tropfen in seinem Keller hortet, um sie zu einem günstigen Zeitpunkt mit Gewinn zu versteigern oder zu verkaufen – auch beim Wein gibt es Spekulanten –, kann, muss aber nicht unbedingt ein Weinfreak sein. Denn er muss für dieses Geschäft Wein nicht lieben, er kann sich mithilfe der Urteile internationaler Kritiker orientieren oder gar einen Weinfonds zeichnen. Diese Fonds erledigen den Einkauf für ihn; er hat darauf nicht den geringsten Einfluss. Es geht auch nicht um die Weine selbst, sondern um den Gewinn. Hoffen wir, dass am Ende der Wein dort endet, wo er hingehört: im Magen eines Liebhabers.

Eine Spielart des Weingenießers ist der *Etikettentrinker*. Darunter versteht man jemanden, der nur Weine kauft, die ihm beispielsweise bei der Lektüre einschlägiger Weinführer empfohlen worden sind – Weine, die „Kult"-Status haben, zum Beispiel. Seine Wahl wird nicht durch echte Neugier, sondern durch die Furcht vor einem blamablen Fehlgriff bestimmt: lieber trinken, was alle trinken. Ein Weinliebhaber und Weinfreak wird auf den Etikettentrinker mit einiger Verachtung blicken: Begreift der denn überhaupt, was er da trinkt?

Selbsttest: Wie viel Weinfreak sind Sie?

Bestätigen Sie die folgenden Sätze mit Ja oder Nein.
Nein = 0 Punkte, Ja = 1 Punkt

Ich trinke täglich oder fast täglich Wein	{ } Ja	{ } Nein
Zum Essen gehört für mich grundsätzlich Wein	{ } Ja	{ } Nein
Ich kaufe Wein gerne direkt beim Winzer	{ } Ja	{ } Nein
Ich kaufe häufig bei einem Fachhändler	{ } Ja	{ } Nein
Ich gebe auch mal mehr als 15 Euro für einen Wein aus, der mir schmeckt	{ } Ja	{ } Nein
Ich gebe im Monat mehr als 100 Euro für Wein aus	{ } Ja	{ } Nein
Ich esse am liebsten nur in Restaurants mit guter Weinauswahl	{ } Ja	{ } Nein

Ich bestelle im Restaurant auch Flaschenweine	{ } Ja { } Nein
Bei einem Menü bestelle ich mehrere Weine, je nach Gang	{ } Ja { } Nein
Ich lege im Restaurant Wert auf ordentliche Gläser	{ } Ja { } Nein
Ich plane meine Urlaube in Weinregionen, um Winzer zu besuchen	{ } Ja { } Nein
Ich besitze mehr als fünf Bücher zum Thema Wein	{ } Ja { } Nein
Ich bin Abonnent eines Wein-Newsletters	{ } Ja { } Nein
Ich chatte in einem Internetforum mit Weinfreunden	{ } Ja { } Nein
Ich pflege Weine selbst nach Punkten zu bewerten	{ } Ja { } Nein
Ich mache für jeden Wein meine Notizen	{ } Ja { } Nein

Ich besitze einen Weinklimaschrank oder hätte gerne einen	{ } Ja { } Nein
Ich habe verschiedene Typen Weingläser (Rotwein, Weißwein …)	{ } Ja { } Nein
Ich besitze eine Karaffe/einen Dekanter oder mehrere	{ } Ja { } Nein
Ich besitze ein spezielles Degustierglas oder hätte gerne eines	{ } Ja { } Nein
Ich habe mindestens ein Weinseminar besucht	{ } Ja { } Nein
Ich habe schon ein Sensorikseminar besucht	{ } Ja { } Nein
Ich habe schon mindestens 50 Rebsorten selbst getrunken	{ } Ja { } Nein
Ich traue mir zu, eine Rebsorte auch blind zu erkennen	{ } Ja { } Nein
Ich habe schon Bekannte oder Kollegen zum Weingenuss „bekehrt“	{ } Ja { } Nein

Schlüssel

25 Punkte: Sie sind ein Profi, stimmt's? Glückwunsch übrigens. Die Autoren hätten diese Traumnote nicht erreicht. Sind Sie eigentlich Single? Achtung, dass der Wein nicht Ihr Leben bestimmt. Könnte sein, dass Ihre Umgebung Sie für leicht verrückt hält. Oder heimlich beneidet. Wahrscheinlich beides.

24 bis 21 Punkte: Beachtlich! Sie haben längst Feuer gefangen und lieben Wein leidenschaftlich. Von Ihnen kann sich mancher Profi eine Scheibe abschneiden. Einem Weinfreak wie Ihnen macht so schnell keiner was vor. Wein nimmt viel Raum in Ihrem Leben ein. Aber bedenken Sie: Es ist nur Wein! Im Leben gibt es noch so viel Schönes.

20 bis 17 Punkte: Überdurchschnittlich. Sie sind ein fortgeschrittener Weinliebhaber und führen ein entsprechend genussreiches Leben. Wenn man Sie ließe und Ihre finanziellen Mittel es erlaubten, würden Sie wohl noch mehr für Ihre Passion tun. Ihr soziales Umfeld teilt Ihre Lust am Wein, das macht für Sie die Sache noch schöner.

16 bis 13 Punkte: Sie wissen eine Menge über Wein und würden gerne noch mehr wissen. Willkommen im Club! Sie werden Ihre Freude haben. Haben Sie eigentlich schon ein Kellnermesser? Wünschen Sie sich zu Weihnachten eines von Laguiole.

12 bis 9 Punkte: Sie haben gewisse Kenntnisse und können Wein genießen. Sie nutzen gerne die Gelegenheit, wenn sie sich ergibt. Der klassische Weinliebhaber ohne allzu große Ambitionen. Übrigens: Je mehr Sie wissen, desto größer ist der Spaß. Lassen Sie sich doch einmal ein Weinbuch schenken!

8 bis 6 Punkte: Wein ist für Sie kein Buch mit sieben Siegeln. Die Weinszene hält vieles für Sie bereit, das Sie ohne allzu großen Aufwand eigentlich nutzen könnten. Auf geht's! Lassen Sie sich zu Weihnachten mal ein Weinseminar für Einsteiger schenken.

Bis 5 Punkte: Sie mögen als Gelegenheits-Weintrinker den Rebensaft im Grunde ganz gern. Von einer Leidenschaft kann jedoch nicht unbedingt die Rede sein. Macht ja nichts! Sie haben sich immerhin dieses Buch gekauft, oder man hat es Ihnen geschenkt. Das lässt doch auf eine genussreiche Zukunft hoffen. Willkommen an Bord.

„Ein Dichten ist auch das Weingenießen,
nur dass die Verse nach innen fließen."

Bremer Ratskellerspruch

Verkostungs-Chinesisch? Die Wein-Fachsprache

Um beim Winzer Wein zu kaufen und sich mit ihm darüber zu unterhalten, brauchen Sie keine Fachsprache – siehe Kapitel III. Sie müssen nicht einen Wein fachgerecht sensorisch analysieren und „ansprechen“, sondern mit dem Winzer über seine Arbeit plaudern. Dennoch schadet es nicht, über einige Begriffe Bescheid zu wissen. Wer sich intensiv mit Wein beschäftigt, kommt ganz von selbst darauf.

Wie viel Wortschatz braucht der Mensch? Um sich als Tourist im Ausland zu verständigen, benötigt man ein

paar Hundert Vokabeln und Redewendungen. Der Umfang der täglich genutzten eigenen Muttersprache liegt bei etwa 2.000 Vokabeln. Die Zehn Gebote kommen mit 279 Wörtern aus. Wein ist zum Glück komplexer als die Zehn Gebote, deshalb ist die Wein-Fachsprache auch umfangreicher. Sie zu nutzen ist eine Frage der kommunikativen Ökonomie und Präzision.

Besonders Außenseiter belächeln gerne die manchmal blumigen Vokabeln derer, die über Weine reden. Als Zielscheibe des Spottes muss des Öfteren der berühmte „Pferdesattel im Morgengrauen“ herhalten. So beschreiben Weinfreaks – angeblich – eine bei manchen Rotweinen vorkommende Geruchsnote, die eben an Pferdehaut oder Lederzeug erinnert. Wir können uns allerdings an keinen einzigen Fall erinnern, bei dem dies unter Weinleuten tatsächlich so geäußert wurde, obwohl die Duftnote zweifellos existiert.

Sie sehen schon, wir sind bereits mittendrin im „Wein-Gespräch“. Aber die Erklärung dieses Duftes soll später folgen. Zuvor müssen wir noch erläutern, wozu diese Wein-Fachsprache gut sein soll.

Wie jede (Fach-)Sprache dient sie der Kommunikation. Die „normale“ Sprache muss spezielle Bedürfnisse der Kommunikation über Wein nicht erfüllen. Oder haben Sie schon mal den Wunsch verspürt, jemandem zu erklären, wie eine Zitrone duftet? Oder wie sich Spaghetti im Mund anfühlen? (Den Fachbegriff „al dente“ kennen viele und halten ihn kaum für extravagant!)

Die Wein-Fachsprache dient dazu, Weine zutreffend, eindeutig und nachvollziehbar zu beschreiben. Ein Fachmann oder eine Fachfrau weiß etwa, was mit dem Begriff „Firne“ gemeint ist. Darüber hinaus versuchen Weinliebhaber, ihre persönlichen Empfindungen beim Weingenuss auszudrücken. Da wir über sehr wenige Mittel verfügen, Geschmack und Geruch zu beschreiben, müssen wir Vergleiche finden: Weine duften nach Äpfeln oder Kirschen, erzeugen ein „seidiges“ oder „raues“ Mundgefühl.

Komplexe Vergleiche sind Bilder und Metaphern, wie sie auch von Dichtern verwendet werden: Ein Wein wirkt „jugendlich“ – das kann bedeuten, er duftet nicht nur wie ein junger Wein, sondern er wirkt noch ungestüm, unruhig, „grün“. Aus solchen Versuchen, die mehr oder weniger gut gelingen, entsteht die viel belächelte Verkosterpoesie: „Ein Wein wie ein Sommermorgen.“

Sie müssen, wenn Sie über Wein sprechen, keine waghalsigen Bilder heraufbeschwören. Ein Tipp: Hören Sie auf Ihre Intuition. Gerüche und Aromen sprechen direkt Ihr Unterbewusstsein und Ihre Erinnerungen an. Sie können dies nicht kontrollieren. Für Sie persönlich wird die richtige Verbindung hergestellt. Möglicherweise erinnert Sie ein Rotwein tatsächlich an Ihren ersten Ausritt zu Pferde. Ob Ihre Tischgenossen und Gesprächspartner diesen Eindruck teilen können, ist eine andere Frage.

Halten Sie sich an die allgemein übliche Wein-Fachsprache mit Ihren festgelegten Begriffen, die den Wein zutreffend beschreiben sollen. Wenn Sie noch wenig Erfahrung haben, sollten Sie Begriffe bevorzugen, die Sie verstehen. Niemand, der Wein liebt, nimmt es Ihnen übel, wenn Sie einen Wein laienhaft beschreiben. Aber vermeintliche Weinkenner, die unsachgemäß mit Vokabeln um sich werfen, die sie nicht verstehen, sind einfach nur peinlich!

Nicht zu wissen, mit welchen Worten man einen Duft beschreiben soll, kommt auch bei Profis häufiger vor, als Sie denken. Der Grund liegt in der Entstehungsgeschichte unseres Gehirns. Vereinfacht ausgedrückt: Das Sprachzentrum ist später entstanden als das Geruchszentrum. Dadurch fehlt es an der engen Vernetzung. Die Neandertaler pflegten den durchdringenden Raubtiergeruch des Säbelzahntigers nicht lange zu beschreiben.

Die Hirnforscher wissen auch, dass der Geruchssinn sehr eng mit den Emotionen vernetzt ist. Deshalb kann ein Geruch vergessen geglaubte Erinnerungen etwa an die Kindheit schlagartig erwecken. Der Geruchssinn war und ist in der Evolution überlebenswichtig, weil er uns verraten kann, ob eine Speise genießbar ist oder nicht.

Tipp

Wenn Ihnen nichts zu einem Wein einfällt, können Sie immer sagen: „Dieser Wein erinnert mich an – – – es liegt mir auf der Zunge – aber ich komme einfach nicht drauf!" Genau das hat jeder Verkostungsprofi 100-mal selbst erlebt!

Fünf Weinvokabeln, die (fast) immer passen

Als „Erste Hilfe" können Ihnen einige häufig verwendete Weinvokabeln dienen. Mit diesen Ausdrücken können Sie sofort mitreden, denn sie treffen auf fast alle Weine zu.

1. Fruchtig oder fruchtbetont

Das bedeutet, dass ein Wein nach Früchten riecht und schmeckt und dass Aromen, die nicht an Früchte erinnern, nicht oder wenig wahrnehmbar sind. Da die allermeisten Weine heute so gemacht sind, dass „die Frucht" deutlich hervortritt – dies wird als gängiger Verbrauchergeschmack definiert –, schmecken 9,5 von zehn Weinen „fruchtig". Sie müssen ja nicht herausfinden, welche Frucht es ist!

2. Harmonisch

Das bedeutet, dass alle Komponenten eines Weines ausgewogen erscheinen, also Säure, Frucht, Süße und, bei Rotweinen, Gerbstoffe (Tannine). Moderne Weine sind so gut wie immer harmonisch. Eigentlich ist dieses Wort daher eine Nullnummer – so wie: „Schönes Wetter heute, nicht?" Aber wenn die Hauptsache ist, dass Sie etwas sagen – „harmonisch" ist immer gut. Jeder Winzer möchte harmonischen Wein machen. Gegensatz: „unharmonisch" – für einen Wein, der Ihnen nicht schmeckt. Abgemildert: „irgendwie unharmonisch".

3. Sauber

Das bedeutet, dass Duft und Geschmack frei von Fehl- und Fremdtönen sind. Im Volksmund: „Riecht gut." Jeder mit modernen Techniken vinifizierte Wein muss sauber sein – das ist die Mindestanforderung. Da es so selbstverständlich ist wie ein Neuwagen ohne Kratzer und Beulen, ist es kein besonderes Kompliment an den Winzer, wenn Sie sagen: „Sehr sauber." „Blitzsauber" ist ein bemerkenswert reintöniger Wein. Das Gegenteil ist „unsauber". „Irgendwie unsauber" können Sie immer sagen, wenn Ihnen etwas am Duft oder Geschmack merkwürdig vorkommt. Ein Makel.

4. Unkompliziert

Das bedeutet, dass ein Wein einfach gut schmeckt und dazu preiswert ist. Was für ein teures Gewächs ein Schimpfwort ist, passt auf die meisten Weine, die um 5 oder 8 Euro kosten. Wenn Ihnen solch ein Wein angenehm erscheint, können Sie immer sagen, er sei „schön unkompliziert" – so wie ein guter Kumpel. Das Gegenteil ist übrigens nicht „kompliziert", sondern „komplex". Einen „unkomplizierten" Wein nennen Weinfreunde oft einen „Trinkwein" (als gäbe es auch einen Ess-Wein) oder einen „Brot-und-Butter-Wein" – einen, den man im Alltag immer brauchen kann.

5. Frisch

Das bedeutet, dass ein Wein im Duft an frisch aufgeschnittene Früchte erinnert und im Geschmack eine spürbare Säure hat. Frisch sind junge Weine. Da die meisten Weine im Jahr nach der Ernte vermarktet und getrunken werden, ist die Wahrscheinlichkeit hoch, dass der Wein in Ihrem Glas „frisch" ist. Gegensatz: gereift, oxidativ.

Beispiel

„Ein frischer, unkomplizierter Wein, schön sauber und fruchtig, ein prima Trinkwein." Klingt doch gut, oder? Sollte auch so schmecken.

Weinsprache alt und neu

Die Sprache ändert sich, auch die Wein-Fachsprache. Gewisse Begriffe, die in alten Weinbüchern gängig sind, werden heute selten oder nur in historisierender Absicht benutzt. Andere sind neu.

Alt oder unmodern	Neu
Bukett	Nase
Blume	Nase
Süffig, mundig	unkompliziert, „Trinkwein“
Lieblich	restsüß
Vollmundig	saftig, voluminös, konzentriert
Ehrlich	geradlinig
Art	Eleganz, Finesse
Bodengeschmack	Terroirausdruck
Maulvoll Wein	kraftvoll und füllig, gute Fülle

Neologismen

Brett

Nach Brettanomyces, einer Art Mikroorganismen, die im Wein einen „animalischen“ Geruch und Geschmack hervorrufen, der an Leder, Raubtier-Ausdünstung oder den oben erwähnten „Pferdesattel“ erinnert. Önologen und Kellermeister betrachten dies meist als unerwünscht und rümpfen die Nase: „Dieser Wein hat Brett!“

Mineralik

Gemeint ist die Mineralität eines Weines, das heißt eine (schwer definierbare) Aromatik, die an (feuchte) Steine, Erde oder Lehm erinnert und den Wein elegant und frisch wirken lässt. Positiv. „Der Wein hat eine wunderschöne Mineralik."

New World

Gemeint ist eine Stilrichtung, die stark auf das Barrique (siehe Kapitel II, Seite 63 ff) setzt. Kräftige Vanille- und Röstaromen sind typisch für den New-World-Style. Gilt heute als überholt. Von einem Wein zu sagen, er sei „typisch New World", ist unter Weinliebhabern meist abfällig gemeint – außer, der Wein kommt tatsächlich aus Kalifornien oder Australien.

Unwooded

Siehe oben: Da überstarke Barrique-Aromen immer weniger gefragt sind, haben die Weinmacher in Übersee wieder Weine ohne Barrique, nur im Stahltank, ausgebaut. Zur Unterscheidung nennen sie diese „unwooded", ohne Holzausbau.

Gechipst

Eine gängige Praktik besonders in Australien und anderen Ländern der Neuen Welt: Weine werden mit kleinen Holzstücken (den Chips) aromatisiert, damit sie so schmecken wie im Barrique ausgebaute Weine. Diese kostengünstige Methode liefert preiswerte Weine mit „Holzgeschmack", die vornehmlich in Discountern und Supermärkten verkauft werden. Die Hersteller von solchen Chips, die es in vielen „Toastungen" gibt, sind meistens Küfereien, die auch traditionelle Barriques und Holzfässer verkaufen. Über die Zulassung dieser Methode in Europa wurde Anfang des Jahrzehnts im Zuge des Handelsabkommens zwischen der EU und den USA gestritten. In Europa dürfen Chips vielfach für bestimmte Weinkategorien (Landweine, Tafelweine) eingesetzt werden. Puristen lehnen dies ab: „Dieser Wein ist wohl gechipst!"

II.

Was Winzer wollen

„Qualität wächst im Weinberg"

Winzer-Philosophie

So spricht der Winzer

Winzer ist ein Ausbildungsberuf. Dabei lernt der angehende Winzer eine Reihe von Vokabeln aus dem Kellerbereich, und natürlich werden auch Begriffe rund um die Pflanze und die Arbeiten im Weinberg benötigt. Die sogenannte Weinansprache, das fachmännische Beschreiben eines Weines, und die Sensorik, die Lehre von den Sinneswahrnehmungen, nehmen in der Ausbildung eines Önologen oder Winzers, aber auch eines Sommeliers (Weinkellners) einen breiten Raum ein. Einen unbekannten Wein mithilfe des Fachvokabulars zu beschreiben (und zu versuchen, ihn zuzuordnen), ist Teil der Sommc lier-Prüfung! Sie müssen diese Sprache nicht selbst anwenden. Aber es hilft, wenn Sie verstehen, wovon die Rede ist. Versetzen Sie sich einfach in die Position des Winzers, der Ihnen ein Produkt seiner Arbeit vorstellt.

Konversations-Tipps

Fragen Sie den Winzer, wo er seine Ausbildung gemacht hat. Winzerlehre? Weinbautechniker? Diplom-Ingenieur? Önologe? Die Möglichkeiten reichen von der Lehre bis zum Studium.

Fragen Sie den Winzer nach Auslandspraktika. Sie gehören bei der jüngeren Generation heute zum Standard und ermöglichen gute Gespräche über die dortigen Weine.

Manche Ausbildungsstätten haben, ähnlich wie Elite-Unis in den USA, einen guten Klang. In Deutschland ist „Geisenheim“ (Standort einer FH im Rheingau) ein Synonym für eine besonders gute Ausbildung mit internationaler Erfahrung. Es gibt aber noch andere sehr gute Institutionen. In Frankreich zählen Bordeaux und Dijon zu den renommierten Universitäten für Önologen, in Kalifornien ist „Davis“ das Stichwort.

Typische Begriffe aus der Welt des Winzers

Der Weinberg steht am Anfang. Für jeden Winzer ist der Weinberg das Fundament. Er weist einen bestimmten Boden auf, ist auf eine bestimmte Weise in eine Himmelsrichtung ausgerichtet (exponiert) und klimatischen Einflüssen ausgesetzt. Die Summe dieser Einflüsse nennt man Terroir.

Rund um die Rebe

Der Weinberg

Die Rebstöcke stehen meist in Spalieren, in Deutschland oft aus gespannten Drähten (dem Drahtrahmen). Manchmal stehen die Stöcke auch einzeln an Pfählen wie an der Mosel. Wegen der Reblaus, die im 19. Jahrhundert fast den gesamten europäischen Weinbau ruiniert hat, bestehen die Stöcke aus der Unterlage (der Wurzel) und dem eigentlichen Rebstock, der auf diese Unterlage aufgepfropft wurde. Die Unterlage ist reblausresistent.

Konversations-Tipps

Beim Gang durch die Weinberge mit dem Winzer liegen zwei Fragen auf der Hand: Welche Sorten stehen hier? Wie alt sind die Rebstöcke? (Ertrag bringen Reben ungefähr ab dem dritten Jahr. Alt sind Reben ab ca. 25 Jahre. Es gibt über 100-jährige Rebstöcke, die immer noch Trauben tragen!)

Weinberge sehen von Region zu Region unterschiedlich aus. Die Form, in der der Winzer die Rebe – eine Pflanze, die einst im Wald an Bäumen emporwuchs – wachsen lässt, nennt man „Erziehung“. Sie können den Winzer fragen, warum er seine Reben so erzieht. Doch sollten Sie die Erziehung nur kommentieren, wenn Sie wirklich wissen, wovon Sie reden. So mancher Starwinzer von heute hat damit begonnen, die Erziehung seiner Reben von traditionellen auf moderne Formen umzustellen. In Österreich ist sogar die heute übliche Form der mannshohen Drahtspaliere nach ihrem „Erfinder“ benannt: Lenz Moser. In manchen Regionen wachsen Reben in Pergolen. Im Süden sind die Stöcke oft sehr niedrig und stehen einzeln.

Eine gute Frage können Sie stellen, wenn der Winzer zwischen seinen Reben „begrünt“ hat, also nicht die nackte Erde zu sehen ist. Diese Begrünung ist nicht nur ein Erkennungsmerkmal von Ökowinzern. Auch konventionell wirtschaftende Erzeuger lassen zwischen den Zeilen Grünpflanzen wachsen: Erosionsschutz, Verbesserung des Wasserhaushalts und natürliche Bedüngung. Diese Pflanzen sind keine Konkurrenten der Rebe, sondern zwingen diese, ihre Wurzeln tiefer in den Boden zu treiben.

Für Fortgeschrittene: Welche Klone sind gepflanzt? Jede Rebsorte existiert in unzähligen Varianten, die man gezielt kaufen und pflanzen kann. Pinot noir – Spätburgunder – gibt es in badischen und in burgundischen Varianten. Experten schmecken den Klon heraus! Spielen Sie jedoch nicht den Klon-Kenner, wenn Sie keiner sind!

Boden und Terroir

Aus dem Boden ziehen die Reben Mineralien und alles, was sie zum Leben brauchen. Der Geschmack eines Weines wird vom Boden beeinflusst. Um dies zu erkennen, gehört sehr viel Erfahrung dazu. Bevor Sie diese haben, lassen Sie den folgenden Grundsatz einfach stehen: Der Boden – das Terroir – drückt sich im Wein aus. Wie genau, lässt sich nur schwer beschreiben. Das muss man probieren. Überlassen Sie die Erklärungen getrost dem Winzer.

Hier die Definition des Begriffs Terroir des Bordeaux-Winzers Bruno Prats: „Terroir ist das Zusammentreffen von Klima, Boden und Landschaft, das Zusammenwirken einer unendlichen Anzahl von Faktoren: Nacht- und Tages-Temperaturen, Niederschlagsverteilung, Sonnenscheinstunden, Hangneigung und Boden-Durchlässigkeit, um nur einige wenige zu nennen."

Oder so, wie das Dienstleistungszentrum Ländlicher Raum (DLR) Pfalz in Neustadt an der Weinstraße es fomuliert: „Terroir ist die in einem Wein erfassbare sensorische Dimension der Wechselwirkung zwischen der Rebe, der Beschaffenheit von Ausgangsgestein und Boden, der Topographie und dem regionalen Klima sowie dem Menschen und seinen weinbaulichen und kellerwirtschaftlichen Eingriffen." Ob der Mensch Teil des Terroirs ist, ist nur eine Frage der Definition. Das „Händchen des Winzers" hat immer etwas mit dem Wein zu tun! In der zweiten Definition ist klarer ausgedrückt, dass Terroir etwas ist, was man schmecken kann. Terroir prägt den Wein. Wie deutlich, das ist das Problem. Sonstige Eigenschaften eines Bodens: Fruchtbarkeit und die Fähigkeit, Wasser zu speichern, Wärmespeicherung (steinige Böden). Karge Böden stören die Rebe nicht. Im Gegenteil. Ein Grundsatz lautet: Die Rebe muss leiden!

Konversations-Tipps

Sie können den Winzer immer fragen, welche Böden er in seinem Weinberg hat – auch wenn Sie mit der Antwort wenig anfangen können („tiefgründig", „karg"). Für jeden Winzer ist der Boden ein Mega-Thema.

Fragen Sie beim Verkosten, was an den Weinen typisch für den jeweiligen Boden sei. Da dies ein Thema für Spezialisten ist, wird sich der Winzer über Ihr Interesse freuen.

Rebschnitt

Im Winter werden die alten Triebe abgeschnitten. Der Winzer entscheidet durch die Art des Schnitts, wie viele Triebe es geben wird. Je weniger Triebe, desto weniger Trauben und desto niedriger der Ertrag. Niedrige Erträge bedeuten in der Regel bessere Weine.

Konversations-Tipp

Kein besonderes Thema. Allenfalls können Sie den Winzer fragen, ob er den Rebschnitt schon gemacht hat. Doch diese Frage sollten Sie nicht zur falschen Saison (Sommer) stellen.

Austrieb

Im Frühjahr wachsen neue Triebe aus den „Augen“. Wichtig ist der Zeitpunkt, an dem der Austrieb beginnt. Ein früher Austrieb kann eine längere Wachstumsperiode bedeuten (gut), setzt die Pflanze aber auch der Gefahr von Frösten aus.

Konversations-Tipp

Es ist immer gut, nach dem Austrieb zu fragen. Auch später noch, wenn es um frühere Jahrgänge geht: Wie war 2007 der Austrieb (zeitig, spät, Fröste)?

Blüte

Die Rebe blüht unscheinbar, aber sie blüht (meistens im Juni). Die Blüten, aus denen später die Trauben werden, heißen Gescheine. Von der Blüte bis zur Reife vergehen ziemlich genau 100 Tage. Herrscht während der Blüte schlechtes Wetter, kommt es zur Verrieselung. Das ist die unvollkommene Befruchtung. Es bilden sich später Trauben mit weniger Beeren.

Konversations-Tipp

Ähnlich wie beim Austrieb ist der Zeitpunkt der Blüte von Bedeutung für den Jahrgang. Eine sehr frühe Blüte verheißt eine längere Entwicklungsphase – gut für den Wein. Aber wer weiß, ob nicht ein kühler Sommer den Entwicklungsvorsprung zunichtemacht? Sie können im laufenden Jahr nach der Blüte fragen, aber auch später. Ein guter Winzer weiß genau, wie die Blüte in seinen jeweiligen Jahrgängen verlaufen ist.

Grüne Lese/Ertrag

Grüne Lese nennt der Winzer das Entfernen überzähliger Triebe oder Trauben vor der Ausreifung. Dazu werden diese Trauben einfach abgeschnitten. Für alte Winzer ein Frevel, für moderne Qualitätswinzer ein Muss – denn die verbleibenden Trauben profitieren mehr von der Kraft des Rebstocks. Sie liefern deshalb bessere Weine. Weniger ist mehr! Der Ertrag wird gewöhnlich in Hektoliter pro Hektar angegeben. Mehr als 80 hl/ha ist ein hoher Ertrag, gut für einfache Massenweine. Der Durchschnittsertrag in Deutschland liegt zwischen 80 und 90 hl/ha. Manche „ertragsstarke" Sorten bringen bis zu 200 hl/ha, wenn man sie lässt. Für Spitzenweine der Kategorie Erste Lage (Große Gewächse) ist ein Höchstertrag von 50 hl/ha festgelegt. Das ist ziemlich wenig: 6.666 Flaschen à 0,75 Liter auf 10.000 Quadratmeter (1 Ar = 100 m^2). In südlichen Gefilden liegen die Erträge oft noch niedriger (um 35 bis 40 hl/ha). Manche Spitzengewächse von uralten Rebstöcken wurden mit einem Ertrag von 15 hl/ha gelesen! Das bringt 2.000 Flaschen pro Hektar oder etwas mehr als sechs Barrique-Fässer voll Wein.

Konversations-Tipps

„Ertragsreduzierung" gehört zum Lieblingsthema aller Qualitätswinzer. Wenn er nicht von selbst davon anfängt, können Sie ihm mit der grünen Lese ein Stichwort zuwerfen …

Fortgeschrittene wissen: Bei der Berechnung des Ertrags pro Hektar ist nicht berücksichtigt, wie dicht die Stöcke stehen. In modernen Weinbergen ist die Bepflanzung sehr dicht, was theoretisch einen höheren Ertrag pro Hektar ergibt – aber weniger pro Stock. Sinnvoller ist es, den Ertrag pro Rebstock anzugeben. Der beträgt etwa 1–2 kg Trauben, was einer bis zwei Flaschen Wein entspricht.

Nebenbei wissenswert: Hobbywinzer dürfen laut § 3 Absatz 3 der Weinverordnung bis zu 1 Ar Reben pflanzen, ohne diese bei der entsprechenden Behörde als Neupflanzung anzumelden. Bei einem Platzbedarf pro Stock von zwei Quadratmetern ergibt dies maximal 50 Rebstöcke – und nicht 99, wie oft kolportiert wird.

Behandeln und Spritzen

Jeder Weinberg ist eine Monokultur und deshalb den Gefahren von Krankheiten und Schädlingsbefall ausgesetzt. Je nachdem, ob der Winzer konventionell wirtschaftet (mit chemischen Düngemitteln und Pestiziden) oder nach den Kriterien des integrierten (naturnahen), ökologischen oder sogar biologisch-dynamischen Anbaus (Biodynamie) vorgeht, werden bestimmte Mittel eingesetzt.

Konversations-Tipps

Grundsätzlich gilt: Jeder Winzer wird – schon aus Kostengründen – nur das tun, was sein muss, wenn nämlich „Krankheitsdruck" herrscht. Er hat seine Gründe für die Wahl der Bewirtschaftung. Sie können ihn danach fragen, sollten jedoch Belehrungen vermeiden.

Ein Ökowinzer wird Ihnen immer gerne erklären, warum er seinen Weinberg so und nicht anders pflegt. Im Ökoweinbau werden unter anderem Kupferpräparate sowie die sogenannte Bordelaiser Brühe – ein Sud gegen Krankheiten – eingesetzt.

Laubarbeit

Durch die Blätter nimmt die Rebe Sonnenlicht auf, das durch die Fotosynthese in Energie für die Pflanze umgewandelt wird. Zu dichtes Laubwerk behindert die Luftzirkulation, was bei Regen leicht zu Fäulnis an den Trauben führen kann. Daher wird Laub gezielt entfernt, besonders, wenn die Reife naht. Mit Laubarbeit kann der Winzer auch den Energiehaushalt der Reben steuern. Laub schützt die Trauben auch vor Sonnenbrand (das gibt's wirklich!).

Konversations-Tipps

Bestenfalls beim Gang durch die Weinberge sinnvoll. In manchen Ländern mit hoher Sonneneinstrahlung ist „canopy management“ ein wichtiges Thema, um die Trauben nicht zu viel Zucker bilden zu lassen.

Im Zuge der Klimaerwärmung kann auch in Deutschland Laubarbeit wichtiger werden. In manchen Jahren mit früher Lese ist der Rebstock noch „am Arbeiten“, während gelesen wird. Die Blätter sind dann noch grün und nicht herbstlich verfärbt. Das erschwert es dem Winzer, den besten Erntezeitpunkt zu bestimmen.

Reife und Mostgewicht

Wann ist die Traube reif? Diese Frage ist von höchster Bedeutung. Je reifer die Traube ist, desto mehr Zucker hat sie gebildet und desto niedriger ist die Säure. Bei modernen Weinen kommt es auf das optimale Verhältnis dieser beiden Größen an; die Zuckerwerte alleine genügen nicht. Man spricht von der „physiologischen Reife“. Gute Winzer erkennen am Geschmack der Traube, wann dieser Moment erreicht ist. Der Zuckergehalt wird mit dem Refraktometer (Mostwaage) festgestellt. Dabei misst der Winzer die Lichtbrechungseigenschaft (Brechungszahl) des Mostes, die vom Zuckergehalt bestimmt wird. Bilder von Winzern, die im Weinberg durch dieses Gerät peilen, dienen oft zur Illustration des Themas Weinlese. Die Angabe des Mostgewichts erfolgt in Grad Öchsle.

In Deutschland sind für die diversen Qualitätsstufen (Prädikate) bestimmte Mindestmostgewichte vorgeschrieben, die erreicht werden müssen. Hohe Mostgewichte gelten als „gut“ und werden in guten Jahren wie Rekorde gemeldet. Aber sie alleine machen noch keinen guten Wein. Die Mindestmostgewichte variieren je nach Anbaugebiet und Rebsorte. Für die Stufe Qualitätswein bestimmter Anbaugebiete (QbA) muss meist ein Mostgewicht von 60° Ö erreicht werden. Für die höheren Prädikatsstufen (ab Beerenauslese und Eiswein) sind 120° Ö angesetzt, Trockenbeerenauslesen stehen bei 150° Ö. Rekordwerte liegen auch schon mal bei 300° Ö. Probieren Sie mal aus, wie viele Zuckerwürfel à drei Gramm Sie in einen Liter Wasser geben müssen, um dieses Gewicht zu erreichen!

Bei der Messung des Mostgewichts – den Grad Öchsle – geht es nämlich wirklich um Gewicht. Ein Grad Öchsle heißt, dass ein Liter Most genau ein Gramm schwerer ist als ein Liter (1.000 g) Wasser. Der im Most vorhandene Zucker wird durch die Gärung in Alkohol verwandelt. Man bezeichnet das Mindestmostgewicht auch als den natürlichen Mindestalkoholgehalt.

Konversations-Tipps

Besonders in Deutschland gibt jeder Winzer gerne Auskunft über das Mostgewicht seiner Weine. Dieses muss bei der Anmeldung zur Qualitätsweinprüfung angegeben werden. Je höher die Qualitätsstufe, desto interessanter die Frage!

Auch die Frage nach dem höchsten schon mal erzielten Mostgewicht wird gerne beantwortet, vergleichbar der Frage nach der Motorleistung unter Sportwagenfans.

Lese

Die Ernte der reifen Trauben. Wie gelesen wird, ist für die Qualität vieler Weine von Bedeutung. In vielen Fällen werden Maschinen benutzt, die die Trauben vom Stock schlagen, sogenannte Traubenvollernter. Hochwertige Weine werden häufig von Hand gelesen. Damit nur gesunde und reife Trauben verarbeitet werden, wird selektiv gelesen. Das heißt, dass der Erntehelfer faule Trauben herausschneidet und unreife hängen lässt, um diese in einem zweiten Durchgang zu ernten. Der Transport zur Kelter sollte so erfolgen, dass die Trauben möglichst intakt bleiben. Manche Winzer setzen deswegen kleine Körbe ein, in denen die Trauben nicht durch ihr Eigengewicht zerquetscht werden.

Konversations-Tipps

Wird von Hand und selektiv gelesen? Wenn ja, weist dies auf Qualitätsbemühungen hin. Der Einsatz des Traubenvollernters muss jedoch nicht bedeuten, dass die Weine schlechter sind. Ist die Maschine richtig eingestellt und wird zum optimalen Zeitpunkt gelesen, bleiben die Trauben weitgehend unversehrt. Einfache, in größeren Mengen produzierte Weine müssen nicht manuell gelesen werden.

Besonders in Steillagen ist nur Handlese möglich und bedeutet hier einen großen, auch finanziellen Aufwand.

Die Helfer stammen überwiegend aus Osteuropa. Viele kommen seit vielen Jahren zu den Weingütern und sind sehr erfahren. Ein Lieblingsthema nicht nur der deutschen Winzer ist die Unmöglichkeit, Arbeitslose aus dem eigenen Land für diese Arbeit zu gewinnen.

„Wussten Sie schon, dass ein Kellermeister auch einen Dachschaden haben kann?"

(Dieter Schäfer)

Die Arbeit im Keller

Pressen

Je nach Weintyp werden die Trauben gepresst oder gemahlen. Als Erstes werden sie jedoch in einer Maschine entrappt, das heißt, von den Stielen (Rappen) getrennt. Diese würden nämlich dem Wein einen bitteren Geschmack verleihen. Die Pressung soll immer „schonend" sein, also die Traubenkerne nicht quetschen. Am schonendsten ist die Pressung durch das eigene Gewicht. Dieser Most aus der sogenannten ersten Pressung (französisch: tête de cuvée) ist der beste, da er wenig Bitterstoffe aus den Schalen enthält. Aus ihm werden Spitzenweine gemacht. Gute Winzer pressen also mehrmals und erhalten unterschiedliche Moste. Eine schonende Art der Pressung ist die Ganztraubenpressung. Moderne Pressen arbeiten pneumatisch. Sie ähneln großen liegenden Zylindern, in deren Innerem ein Luftsack aufgepumpt wird. Dieser presst die Trauben an die Innenwand. Der durch maximalen Druck gekelterte Most liefert den „Presswein" – bei Rotweinen der Wein mit dem höchsten Gerbstoffgehalt. Dieser Most wird nicht für die besten Weine verwendet.

Konversations-Tipp

Bei jedem Kellerrundgang wird der Winzer stolz seine „pneumatische" Presse zeigen. Und jeder Qualitätswinzer wird von der „schonenden Verarbeitung" der

Trauben erzählen. Gemeint ist in erster Linie die Kelterung.

Maischestandzeit

Rotweine werden nicht einfach gepresst wie weiße Trauben. Die Beeren werden gemahlen – in Portugal manchmal noch heute traditionell mit den Füßen in Wannen, den Lagares, zertreten – und müssen eine Zeit lang im eigenen Saft ziehen. Die festen Bestandteile der Traube nennt man Maische. Die Gärung setzt ein, wodurch sich Farb- und Gerbstoffe (Tannine) aus den Traubenschalen lösen und in den Most übergehen. Das ist die Maischegärung. Je länger diese dauert und je langsamer sie vonstatten geht, desto intensiver die Farbe und desto besser die „Extraktion" der gewünschten Stoffe. Durch eine sehr kurze Maischestandzeit (wenige Stunden) erhält man einen Rosé.

Rotweine stehen meist drei Wochen auf der Maische. In dieser Zeit muss der Winzer die durch die Gärgase an die Oberfläche steigende Maische immer wieder mit einer Art Stock hinunterdrücken (französisch: pigeage), oder er pumpt den Most über diesen „Tresterhut". Um die Gärung zu zügeln, wird die Maische oft gekühlt. Dann dauert der Prozess lange, die Gerbstoffe werden gut herausgezogen (extrahiert). Ist dagegen eine schnelle Extraktion der Farbstoffe erwünscht, wird die Maische erhitzt. Dadurch entstehen farbintensive, fruchtige Rotweine mit geringem Gerbstoffgehalt. Ein spezielles Verfahren besteht darin, die Trauben nicht zu quetschen, sondern intakt zu lassen. Sie fangen von „innen“ an zu gären. Das dabei entstehende Kohlendioxid schirmt die Trauben vor dem Sauerstoff ab. Dieses Verfahren nennt man Kohlensäuregärung oder -mazeration (französisch: macération carbonique). Es wird im Beaujolais-Gebiet und in einigen Regionen Südfrankreichs eingesetzt und bringt besonders fruchtige Rotweine hervor.

Konversations-Tipps

Die Frage nach der Dauer der Maischestandzeit ist bei Rotweinen eminent wichtig und gehört zur Weinbiografie. Faustregel: Je länger und kühler, desto höher die Qualität.

Manche Winzer lassen auch ihre Weißweintrauben auf der Maische stehen. Diese Weine sind länger haltbar und zeichnen sich oft durch einen besonderen, manchmal leicht mostigen Geschmack aus.

Gärung

Die Gärung trägt einiges dazu bei, wie der Wein wird. Die bei der Gärung entstehende Wärme ist heute meist unerwünscht, weil sie den Weingeschmack beeinträchtigt. Die zarten Fruchtaromen der Traube bleiben am besten erhalten, wenn die Temperatur bei der Gärung möglichst niedrig ist. Deshalb haben Gärtanks heute Kühlvorrichtungen. In modernen Kellereien steuern Computer die Temperatur: „temperaturkontrollierte Vergärung“ heißt das im Winzerjargon.

Besonders die empfindlichen Weißwein-Aromen brauchen kühle Temperaturen. „Kalt vergorene" Weißweine erkennt man an ihrem sehr fruchtigen Aroma, das an Eisbonbons oder Drops erinnern kann. Oft werden spezielle Hefen verwendet, die die Kälte tolerieren. Da Sauerstoff den Wein geschmacklich verändert (Oxidation), achten Winzer darauf, dass der Most möglichst keinen Kontakt zur Luft hat: „reduktiver" Ausbau.

Bei manchen Weinen ist hingegen ein gewisser Sauerstoffkontakt durchaus erwünscht. Sauerstoff wird gezielt in den werdenden Wein „gepumpt". Dieses moderne Verfahren heißt Mikro-Oxidation, also ein kontrollierter Luftkontakt.

Konversations-Tipps

Die Frage nach der Vergärung gehört zur Weinbiografie (meistens „temperaturkontrolliert").

Nicht nur Edelstahlbehälter kommen dabei zum Einsatz. Es gibt auch Behälter aus Glasfiber, Beton (Zisternen) oder Holz. Fragen Sie den Winzer, warum er welche Behälter einsetzt. Edelstahl gilt als Hightech, aber manche Winzer kommen davon wieder ab. Betonzisternen etwa erlauben ein ausgeglichenes Temperaturmanagement.

Manche Weißweine vergären im kleinen Eichenfass, dem Barrique (Barrique-Fermentierung).

Die Anzeigetafeln, auf denen der Computer die Temperaturen in den einzelnen Tanks anzeigt, sind ein Hingucker bei jeder Kellerführung.

Milchsäuregärung/ Biologischer Säureabbau (BSA)

Wein enthält zwei Arten von Säure: Weinsäure (die bei Weißweinen manchmal als Weinstein ausfällt) und Äpfelsäure. Diese ist besonders markant spürbar. Rotweine, aber auch manche Weißweine sollen nicht so säuredominiert sein. Deshalb lässt der Winzer die Äpfelsäure durch Bakterien in die weniger aggressive Milchsäure umwandeln. Das nennt man biologischen Säureabbau oder Milchsäuregärung (obwohl es streng genommen keine Gärung ist). Auch der Begriff „malolaktische Gärung" ist geläufig. Die Schweizer führen bei ihren Weißweinen fast immer die Milchsäuregärung durch, deshalb schmecken Schweizer Weißweine besonders mild und bekömmlich. Der biologische Säureabbau kann bei Rotweinen, die in Holzfässern lagern, bei warmen Temperaturen spontan einsetzen, wird aber heute gezielt eingeleitet, manchmal nur bei einem Teil des Weins.

Konversations-Tipps

Bei Rotweinen erübrigt sich die Frage, da dort BSA Standard ist.

Bei Weißweinen, die Ihnen sehr säuremild vorkommen oder einen Geschmack wie von Joghurt oder frischer Butter haben, können Sie fragen. „Laktische" Aromen gehören eigentlich nicht in den Wein, können aber durch eine fehlerhafte Milchsäuregärung entstanden sein.

Hefe, Gärung und Spontis

Ohne Hefe keine Gärung. Diese Kleinstlebewesen verwandeln den Zucker im Most in Alkohol, Wärme und Kohlendioxidgas. Dieses sorgt für das bekannte „Blubbern" des gärenden Mosts und bei Schaumweinen für das Prickeln (man lässt es dann einfach nicht entweichen). Da Hefen überall sind, fängt jeder zuckerhaltige Saft irgendwann an zu gären – „spontan". Die meisten Winzer verwenden Reinzuchthefen. Diese unterdrücken die unerwünschten Hefestämme und erleichtern die Kontrolle des Vorgangs. Es gibt sehr viele Reinzuchthefen; einige geben auch Aromen an den Wein ab.

Puristen unter den Winzern lassen die Gärung mit den natürlichen Hefen erfolgen. Das nennt man Spontangärung – ein gewisses Risiko ist aber dabei. Spontan vergorene Weine, besonders Weißweine, zeichnen sich oft durch große Stabilität, aber auch durch eigentümliche, würzige Aromen aus. Diesen „Sponti-Ton" kann man mit einiger Erfahrung erkennen. Die Thematik gehört zum unerschöpflichen Themenfeld „Terroir und Typizität". Wer die natürlichen Hefen am Standort als Bestandteil des Terroirs betrachtet, muss seine Moste spontan vergären lassen.

Konversations-Tipps

Da die meisten Winzer Reinzuchthefen verwenden (die Frage nach der genauen Bezeichnung des Stamms ist nur was für Fachleute), sollten Sie nur bei hochwertigen Weinen oder Ökowinzern fragen, ob spontan vergoren wurde. Meistens wird der Winzer von selbst darauf hinweisen, da es etwas Besonderes ist. Die Überleitung zum Thema Terroir ist leicht.

Reinzuchthefen oder Spontangärung? Das ist auch unter Weinfreunden eine Art Glaubensfrage. Denn mancher betrachtet eine Reinzuchthefe als Manipulation am Wein. Deshalb Vorsicht bei dem Thema! Fragen Sie den Winzer, wie er dazu steht. Auch für Reinzuchthefen sprechen gute Gründe.

Ausbau und Reifung

Während Standardweine relativ bald nach der Vinifizierung (Weinwerdung) beim sogenannten Abstich von der Hefe abgezogen (getrennt) und dann abgefüllt werden, verbleiben höherwertige Tropfen länger in den Reifebehältern (in der Regel Tanks oder Barriques). Je länger der Wein mit der Hefe zusammenbleibt (man sagt: auf der Hefe liegt), desto feiner und subtiler sind später die Aromen. Ein langes Hefelager ist also ein Kennzeichen guter Weine. Bei französischen Muscadet-Weinen nennt man dieses Verfahren „sur lie", auf der Hefe.

Die Reifung im Barrique verleiht Weiß- und Rotweinen typische Aromen und eine gute Struktur. Gerb- und Geschmacksstoffe gehen aus dem Eichenholz auf den Wein über. Fruchtbetonte Weine entstehen beim Ausbau im Edelstahltank. Traditionell ist der Ausbau im großen Holzfuder, das einen geringen Luftkontakt durch die Poren im Holz ermöglicht. Diese Fuder sind aufwendig zu pflegen und stehen in manchen Kellern nur noch zu Showzwecken.

Konversations-Tipps

Wie ein Wein ausgebaut wurde, ist wichtig und Teil der Weinbiografie. Die Frage können Sie dem Winzer grundsätzlich stellen, besonders bei den teureren Weinen.

Weine, die noch im Erntejahr in die Flasche kommen, sind für den baldigen Konsum gedacht und heißen Primeur. Typisches Beispiel: Beaujolais Primeur. Sie können eine Weinprobe beim Winzer mit den jüngsten Weinen beginnen.

Ein Trend bei Verbrauchern ist, immer möglichst junge Weine zu trinken. Eine Fraktion unter den Weinliebhabern hält davon nichts und nennt das „Babymord" – Weine sollen ihrer Meinung nach länger reifen können, um sich voll zu entwickeln.

Barrique

Das ist ein Holzfass aus Eiche (meistens) mit einem Fassungsvermögen von 225 Litern – das entspricht 300 Flaschen à 0,75 Liter. Es dient zur Reifung bestimmter Weine. Weißweine werden manchmal auch im Barrique vergoren (zu erkennen an dem Gäraufsatz am Spundloch). Die Verweildauer im Barrique ist unterschiedlich und beträgt bei Weißweinen meist bis sechs Monate, bei Rotweinen zwi-

schen 10 und 24 Monaten. Barrique-Fässer werden meist aus französischer oder amerikanischer Eiche gemacht. Die amerikanische Eiche hat größere Poren, der vanillige „Holzgeschmack“ wird also intensiver.
Bei der Herstellung der Fässer werden die Dauben innen über offenem Feuer „geröstet“. Je nach Grad dieser „Toastung“ geben die Barriques Röstnoten an den Wein ab (Toastbrot ...). Neue Barriques geben mehr Aromen an den Wein ab als gebrauchte.
Die Kunst des Winzers ist, dem Wein gerade so viel Holzaromatik mit auf den Weg zu geben wie nötig. Ein Zuviel ist immer schlecht, die Barrique-Noten sollen den Wein nicht dominieren. Er kann dies steuern, indem er einen Teil des Weins in gebrauchten Barriques ausbaut. Oder er legt überhaupt nur einen Teil des Weins „in das Holz“ und vermischt diesen Anteil später mit Wein aus dem Stahltank.

Konversations-Tipps

Fragen Sie immer, wenn die Vermutung naheliegt, ob und wie der Wein im Barrique ausgebaut wurde: Wie hoch liegt der Anteil vom „neuen Holz“? Welche Toastung wurde verwendet (medium, light oder stark)? Wurde der Wein zu 100 Prozent im Barrique ausgebaut?

Die Art des Holzes ist etwas für Fortgeschrittene: französische oder amerikanische Eiche (oft wird gemischt)? Es ist wegen der Porenstruktur auch ein Unterschied, ob die Dauben gesägt oder gespalten wurden.

Ein Barrique kostet um 600 Euro. Sie können sich ausrechnen, wie hoch die Zusatzkosten pro Flasche bei einem neuen Barrique sind. Und dass ein Barrique-Wein nicht für 2,50 Euro pro Flasche zu haben sein kann.

Aus dem Barrique eine Probe zu ziehen ist ein romantischer Anblick. Wird Ihnen eine solche Fassprobe angeboten, greifen Sie zu! Der Winzer benutzt dazu eine riesige Glaspipette. Vielfach wird Wein, der nicht probiert wurde, wieder ins Fass zurückgegeben. Es ist nämlich wichtig, dass der Füllstand möglichst hoch bleibt.

Schönung und Filterung

Gewisse Verfahren ermöglichen es, dem Wein Trubstoffe (das ist kein Schreibfehler, diese kleinen Partikel heißen tatsächlich so und nicht „Trübstoffe") zu entziehen, damit er schön klar ist. Im Prinzip werden Substanzen beigegeben, die die Trubstoffe an sich binden, wie Bentonit (eine tonähnliche Substanz aus Vulkanasche, nach einem Fundort in Benton/USA), Hausenblase (getrocknete Schwimmblase von Fischen), Gelatine oder Eischnee. Diese befinden sich natürlich nicht mehr im fertigen Wein und sind geschmacksneutral. Trubstoffe kann der Winzer durch Filtern entfernen. Mancher Winzer verzichtet auf das Filtern (bei Rotweinen), da er meint, dass sein Wein dadurch Geschmack einbüßt.

Konversations-Tipp

Nur bei ungefilterten Weinen sollten Sie nach dem Grund fragen. Die Schönung ist kein romantisches und schon gar kein appetitliches (wiewohl notwendiges), sondern ein technisches Thema. Kaum ein Winzer plaudert da mit Begeisterung aus dem Nähkästchen. Zu Zeiten des „Rinderwahnsinns“ gab es verängstigte Zeitgenossen, die sich Sorgen wegen der Verwendung von Gelatine zur Schönung machten.

Assemblage

Darunter versteht man die Mischung von Weinen aus mehreren Rebsorten. Man sagt dazu auch Cuvée oder Verschnitt. Viele Weine dieser Welt sind solche Assemblagen, zum Beispiel Bordeaux.

Das Ziel ist, einen harmonischen Wein zu gewinnen, der die besten Eigenschaften der jeweiligen Sorten verbindet: Frucht, Struktur, Gerbstoffe …

Die Herstellung einer Assemblage oder Cuvée ist eine große Kunst, die beherrscht werden will. Schon wenige Prozente Unterschiede in der Komposition können einen ganz anderen Wein hervorbringen.

Konversations-Tipps

Fragen Sie den Winzer immer, welche Rebsorten zu welchen Anteilen in seiner Cuvée vorhanden sind.

Versuchen Sie herauszufinden, welche Sorte am meisten

„hervorschmeckt“ – sofern Sie über die nötige Erfahrung verfügen.

Ersparen Sie dem Winzer die Frage nach dem Warum. Manchmal sind die Gründe einer Zusammensetzung ziemlich banal. Aber immer wird der Winzer versucht haben, einen besonders interessanten Wein zu kreieren.

Zucker und Wein

Wie der Wein schmeckt, hängt entscheidend von seinem Zuckergehalt ab. Man teilt gewöhnlich die Weine danach ein: trocken, halbtrocken oder „feinherb“ (demi-sec), lieblich und süß. Trocken nennt man einen Wein, bei dem man keine Süße schmecken kann. Trockene Weine enthalten maximal 9 g/l Zucker, halbtrockene bis 12 g/l oder 18 g/l nach der Formel Säure plus maximal 10, liebliche bis 45 g/l und süße ab dieser Grenze.

Schmecken kann unsere Zunge den Zucker erst ab einer Konzentration von ca. 4 g/l, das ist etwas mehr als ein Stück Würfelzucker in einem Liter Wasser. Ein Zuckergehalt von unter 4 g/l heißt auch „fränkisch trocken“, weil die Franken ihre Weißweine mehr durchgären lassen.

Zucker ist der Gegenspieler von Säure. Fachleute sagen: Zucker „puffert die Säure ab“. Je stärker die Säure ist, desto mehr Zucker wird benötigt, um „süß“ zu schmecken. Das heißt, dass auch ein „halbtrockener Wein“ „trocken“ schmecken kann. Winzer nennen solch einen Wein gerne „feinherb“.

Bei Schaumweinen liegt für die Geschmacksstufe Brut die Obergrenze bei unter 15 g/l. Sechs Gramm „schluckt" die Kohlensäure. Übrigens: Ein Stück Würfelzucker wiegt drei Gramm. Coca-Cola enthält laut Unternehmensangabe 106 g/l Zucker. So viel hat auch ein edler Süßwein. Nur trinken Sie davon höchstens ein kleines Gläschen …

Wie kommt der Zucker in den Wein? Möglichkeit 1: Die Gärung, bei der ja der Zucker in Alkohol verwandelt wird, endet, bevor die Hefe mit der Arbeit fertig ist. Es bleibt ein „Restzucker". Dieses Ende der Gärung kann der Winzer absichtlich herbeiführen (durch Kälte oder Filtrieren). Oder die Gärung bleibt „von selbst stehen" – häufig bei spontan vergorenen Weinen. Bei Mosten mit sehr viel Zucker kann die Hefe die Gärung nicht schaffen. Deshalb ist der Zucker in Beerenauslesen, Trockenbeerenauslesen und Eiswein immer der natürliche Traubenzucker. Ein anderes Verfahren ist in Deutschland erlaubt: Der Winzer versetzt den durchgegorenen Wein nachträglich mit etwas sterilem Traubensaft (dann ist es streng genommen kein „Rest"-Zucker). So kann er genau den Geschmack „abstimmen". Das Verfahren, die Gärung zu unterbrechen, um dem Wein seinen natürlichen Restzucker zu belassen, ist das elegantere. Man spricht deshalb heute meist von „restsüßen" Weinen.

Zucker ist ein Reizwort für viele, weil Zucker „dick macht" und die Vorstellung eines „gepanschten" Weins ins Spiel kommt. Immer noch sind halbtrockene oder liebliche Weine verpönt, weil angeblich nur trockene Weine zum Essen passen. Das stimmt nicht. Manche Sommeliers machen sich einen Spaß daraus, einem Gast, der einen „trockenen" Weißwein bestellt, heimlich einen halbtrockenen unterzujubeln. Der Wein mundet. Viele Leute verwechseln das Aufzuckern des Mostes vor der Gärung, das Chaptalisieren, mit der geschmacklichen Abstimmung des Weins. Der vor der Gärung zugegebene Zucker (in Deutschland nur bei Qualitätsweinen, nicht bei Prädikatsweinen erlaubt) wird jedoch vollständig in Alkohol umgewandelt; das ist ja der Sinn des Verfahrens. So konnte der Winzer in Jahren, in denen die Trauben schlecht reiften und wenig Zucker bildeten, ausreichend viel Alkohol gewinnen.

Konversations-Tipps

Der Restzuckerwert gehört zu den drei wichtigen Analysedaten der Wein-Expertise. Aber wie der Wein schmeckt, sagt er noch nicht aus. Es kommt auf das Zusammenspiel mit der Säure an. Aber fragen Sie den Winzer; diesen Wert sollte er parat haben.

Probieren Sie auch mal einen feinherben oder halbtrockenen Wein. Vielleicht schmeckt er Ihnen besser! Ganz Progressive bekennen sich als „Halbtrocken-Fans".

„Wer halbtrockene oder liebliche Weine als ‚süße Plörre' verunglimpft, hat keine Ahnung." So einen Spruch hört jeder Winzer gerne – außer wenn er aus Überzeugung nur trockene Weine herstellt.

Als Diabetiker sollten Sie wissen, dass ein „für Diabetiker geeigneter" Wein, der diese Bezeichnung auf dem

Rückenetikett trägt, maximal 4 Gramm Glucose und insgesamt maximal 20 Gramm Zucker pro Liter enthalten darf. Er kann also durchaus halbtrocken sein, denn im Traubenmost sind die verträgliche Fructose und die für Diabetiker unverträgliche Glucose enthalten. Die Deutsche Diabetes Gesellschaft sagt dazu übrigens: „Die Angabe ‚für Diabetiker geeignet' bei Wein wird nicht mehr als notwendig erachtet, ebenso wie nach heutigem Stand der Wissenschaft spezielle diätetische und Diät geeignete Lebensmittel für Diabetiker nicht mehr empfohlen werden." Wenn Sie Ihren Winzer nach dem Anteil der Fructose/Glucose fragen, dürfte er diese Zahlen wohl nicht auf Anhieb parat haben.

Abfüllung

Heute ist es üblich, dass die Winzer ihre Weine selbst abfüllen. Man nennt solche Betriebe Selbstabfüller oder Flaschenweinbetriebe. Fasswein ist der nicht in Flaschen gefüllte Wein, den manche Erzeuger Lkw-weise an Kellereien verkaufen. Für einen Winzer bedeutet die Vermarktung seines Weines in Flaschen mit eigenem Etikett, dass sein Name für die Qualität des Weines steht. Kein Wunder, dass er Ihnen mit Stolz die Abfüll- und Etikettieranlage und sogar das Lager für die fertigen Flaschen zeigen wird. Eine Abfüllanlage in Betrieb macht einen Höllenkrach und fasziniert jeden, der etwas für Modelleisenbahnen übrig hat.

Konversations-Tipp

Ganz Technikinteressierte erkundigen sich, wie viele Flaschen pro Stunde abgefüllt werden.

Das Etikett bietet manche Anlässe zu Fragen: Wo liegt die Lage (falls erwähnt)? Warum heißt der Wein so (falls er einen besonderen Namen hat)? Bei künstlerisch gestalteten Etiketten: Wer hat's gemacht? Woher stammt die Idee?

Verschluss und Ausstattung

Trotz aller Bemühungen der Korkindustrie ist die Gefahr eines „Korkschmeckers" beim Naturkork, dem klassischen Weinflaschen-Verschluss, nicht gebannt. Dieser Weinfehler wird durch Stoffwechselprodukte von Mikroorganismen hervorgerufen, die im Kork die zahlreichen Methoden der Keimfreimachung überlebt haben. Folgende Alternativen stehen den Winzern heute zur Verfügung und werden auch genutzt:

Drehverschluss: technisch „Anrollverschluss"; wird meist bei den preiswerten Weinen verwendet, zunehmend auch bei hochwertigen Qualitäten. In der Schweiz Standard. Vorteil: Absolut neutral; Flaschen sind leicht wieder zu verschließen und können danach auch liegend aufbewahrt werden. Nachteil: Kann „billig" wirken; sehr sachlich.

Plastikstopfen: Imitiert den Naturkorken, ist aber aus Kunststoff. Manchmal sind Verbraucher von den grellen Farben irritiert. Vorteil: Abfüllmaschinen müssen nicht umgerüstet werden. Der Weingenießer muss nicht auf das stimmungsvolle „Plopp" verzichten. Nachteil: Kunststoff ist kein Naturmaterial. Manche Verkoster behaupten, man könne im Wein den Kunststoffgeschmack schmecken – Hersteller bestreiten dies. Entsorgungsproblem. Wiederverschließbarkeit nicht bei allen Modellen gegeben.

Glasstopfen: Diese neue Erfindung stammt aus Deutschland und wird meist nur auf deutschen Weinflaschen verwendet. Vorteil: Flaschen sind leicht zu öffnen und wieder zu verschließen. Glas ist absolut neutral und wirkt hochwertig. Nachteil: Besondere Flaschenform und entsprechende Maschinen erforderlich; der Glasverschluss ist relativ teuer. Die wieder verschlossene Flasche sollte nur stehend aufbewahrt werden. Verschlussdichte über längere Zeit noch nicht geprüft.

Konversations-Tipps

Fragen Sie den Winzer, welchen Verschluss er verwendet und warum. Anhänger des Naturkorkens erklären meist, der Kunde „wolle dies so“. Dann sollte der Korken hochwertig sein. Billige „Naturkorken“ bestehen aus Granulat, das unter Druck verklebt wird. Von dort ist der Weg nicht weit zum Plastikstopfen. Sie dürfen ruhig sagen, wie Sie den Verschluss finden. Da das Thema im Moment umstritten ist, wird Ihre Meinung den Winzer interessieren.

Die Wein-Expertise oder: Biografie des Weins

Die oben geschilderten Arbeitsschritte sind im Prinzip bei allen Winzern der Welt die gleichen. Es ist wie überall: Wer hohe Qualität erzielen möchte, darf keinen Aufwand scheuen. Je höher also der Aufwand, desto mehr wird Ihnen der Winzer mit Stolz davon erzählen. Wie genau der Wein entstanden ist, wird mit steigender Qualität (und Preis) immer wichtiger. Präsentiert Ihnen der Winzer den Stolz des Hauses, sein Filetstückchen, ist es angemessen, sich nach allen möglichen Qualitätsschritten zu erkundigen: Alter der Reben, Pflege des Weinbergs, Ertrag, Qualität der Trauben (Jahrgang), Lese und Selektion, Gärtemperatur und -dauer, Art des Ausbaus und vieles mehr bilden die unverwechselbare Biografie eines jeden Weins.

59
96
100

Vielfach werden derlei Punkte schriftlich aufgeführt. Größere Erzeuger und auch Händler bieten diese Informationen als Expertise an. Manchmal werden sogar technische Details oder die Bezeichnung des Klons genannt – ganz witzig für Sie, aber aussagefähig nur für Versierte. Fragen Sie den Winzer ruhig, was an dem Klon XY so besonders ist!

Üblich ist auch in Preislisten eine Auflistung gewisser analytischer Werte, nämlich Alkoholgehalt, Restzucker und Säure. Die beiden letzten werden in Gramm pro Liter ausgewiesen. Diese Kurz-Expertise ist an sich wenig aussagefähig, denn der Geschmack wird vom Verhältnis Süße zu Säure geprägt, nicht durch die absoluten Werte. Sie können das testen, indem Sie in einem Glas Wasser und in einem Glas Mineralwasser die gleiche Menge Zucker auflösen. Das Mineralwasser wird deutlich weniger süß schmecken.

Eine typische Expertise eines hochwertigen Weines könnte folgendermaßen lauten:

Weisswein

Qualität	Spätlese
Rebsorte	Riesling
Alter der Reben	35 bis 45 Jahre
Lage	Trittenheimer Apotheke, Steillage
Boden	Schiefer
Ertrag	45 hl/ha

Bewirtschaftung . . . . . konventionell
Lese . . . . Handlese und strenge Selektion
Ausbau. . . . . Vergärung bei niedrigen Temperaturen, Ausbau im traditionellen Holzfuder
RZ (Restzucker) . . . . . 7,9 g/l
S (Säure) . . . . 6,9 g/l
Alkohol . . . . 12,5 % vol.

Was Sie daran erkennen können: einen Steillagenriesling von der Mosel, auf dem typischen Schieferboden gewachsen (er wird den typischen mineralischen Schiefergeschmack aufweisen). Die Reben sind relativ alt, was für tiefe Wurzeln und niedrige Erträge spricht. Der Ertrag ist sehr niedrig, also dürfte der Wein eine gute Konzentration (Intensität) der Fruchtaromen zeigen. Ganz billig kann er da nicht sein. Eine Spätlese ist ein Wein, dessen Trauben hervorragend ausgereift waren, weil sie länger am Stock hingen als bis Lesebeginn. Es wurde von Hand gelesen und selektiert, das heißt, faule oder nicht perfekt reife Beeren wurden entfernt. Das ist ein hoher Aufwand, der dazu dient, nur gesunde Trauben zu verarbeiten. Der Wein wird sehr reintönig sein. Der Ausbau im großen Holzfuder steht für Traditionsbewusstsein. Der Wein wird etwas voller und runder wirken als ein im Edelstahl „reduktiv" ausgebauter Riesling. Der Zuckergehalt ist im trockenen Bereich, aber dort eher an der oberen Grenze (die bei 9 g/l liegt). Das spricht dafür, dass die Gärung auf natürliche Weise endete, bevor der gesamte Zucker vergoren war. Die Säure liegt etwas darunter, 6,9 Gramm sind viel, aber nicht für einen Riesling, bei dem Säure typisch ist. Der Alkoholgehalt ist für einen deutschen Weißwein von der Mosel relativ hoch, aber im internationalen Vergleich in Ordnung. Die Trauben müssen sehr reif gewesen sein.

Wie Sie sehen, können Sie sich das Verkosten fast sparen – so viel lässt sich allein aus der Biografie des Weines herleiten. Natürlich probieren Sie trotzdem, denn Sie sind durch die Expertise erst recht neugierig geworden!

Rotwein

Herkunft	AOC Bordeaux Supérieur
Rebsorten	Cabernet Sauvignon 60 %, Merlot 35 %, Cabernet Franc 5 %
Terroir	kieshaltige Lehmböden (Graves)
Ertrag	55 hl/ha
Ausbau	Maischegärung bei kontrollierten Temperaturen 18 Tage, ca. 18 Monate Reifung im Barrique aus französischer Eiche, $^{1}/_{3}$ davon neu
RZ (Restzucker)	0,8 g/l
S (Säure)	4,9 g/l
Alkohol	12,5 % vol.
Empfehlung	zu rotem Fleisch und Käse

Was Sie daran erkennen können: Diese Weinbiografie ist standardmäßig. Die Rebsorten sind die drei typischen Sorten in Bordeaux. Die Appellation Bordeaux Supérieur ist die etwas gehobenere der „generischen“ (allgemeinen) Herkunftsangabe Bordeaux. Für sie wird ein etwas niedrigerer Ertrag gefordert als für die allgemeine AOC Bordeaux. Ein Bordeaux Supérieur ist kein sehr teurer Wein, aber natürlich ein typischer Bordeaux. Lehmböden mit Kies sind typisch für das Schwemmland im Médoc. Eiszeitliche Schmelzwasserströme haben von den Pyrenäen rund geschliffene Kieselsteine abgelagert, die in Bordeaux „Graves“ heißen und einem Terroir-Typ ihren Namen gaben. Die Steine speichern die Wärme gut. Die Rebsortenzusammensetzung der „Cuvée“ ist typisch für Bordeaux-Weine besonders vom „linken Ufer“, also aus dem Médoc, das links der Gironde liegt. Dort ist nämlich der Cabernet Sauvignon meistens der wichtigste Bestandteil. Ausbau im Barrique ist klassisch; französische Eiche lässt im Gegensatz zur amerikanischen Eiche eine eher würzige und weniger von Vanille geprägte Aromatik erwarten. Da nur ein Drittel der Barriques neu waren (Erstbelegung) und ²/₃ des Weins in gebrauchten Barriques reiften, dürfte die Holzaromatik sehr dezent sein. Rotweine sind in der Regel vollständig durchgegoren und enthalten fast keinen Zucker mehr. Die Säure ist niedriger als bei Weißweinen, weil eine Milchsäuregärung (biologischer Säureabbau) durchgeführt wird. Die Speiseemp-

fehlung ist für einen Bordeaux typisch. Probieren Sie den Wein. „Beerig" und „gut eingebundene Tannine" sind zwei Kommentare, die bei einem solchen Wein in 95 Prozent der Fälle zutreffen.

Sie sehen

Man muss kein Sherlock Holmes sein, um eine Wein-Expertise zu verstehen. Im Zweifel fragen Sie den Winzer, was diese oder jene Information bedeutet. Eine Weinbiografie ist immer ein guter Gesprächsanlass.

Die Winzer-Philosophie

Sein Selbstverständnis als Winzer und seine Arbeitsgrundsätze formuliert mancher Erzeuger unter der Überschrift „Philosophie" gerne auch auf seiner Homepage. Es ist auch eine Lieblingsfrage von Journalisten. Aber sind Winzer „Philosophen"?

So geschwollen, wie der Begriff „Philosophie" hier wirkt, klingen leider meist auch die Ausführungen. „Ich möchte den besten Wein machen, den ich erzeugen kann" – das würde Ihnen ja vollauf genügen. Aber meist heißt es etwa, dass ein Wein der Ausdruck der Natur (und/oder des Terroirs) sei, den man in der Flasche „zum Ausdruck bringen" möchte, dass die Qualität im Weinberg beginne oder dass man sich als Handwerker begreife. Klingt ganz gut, sagt aber wenig über die Weine aus. Journalisten schreiben gerne: „Winzer XY setzt auf Qualität." Natürlich, worauf denn sonst? Oder: „Winzer XY ist ein Qualitätsfanatiker." Finden Sie Fanatiker sympathisch? Wenn einem Journalist (oder Winzer) gar nichts einfällt, schreibt er: „Klasse statt Masse" oder „Tradition und Innovation". Das Erste gilt für praktisch jeden Selbstvermarkter, denn sonst wäre er ein Fassweinproduzent. Und Tradition und Innovation könnte man auch sagen, wenn er neue Radkappen für sein altes Auto kauft.

Solche Erklärungen zur „Philosophie" sind meist nichts anderes als klangvolle Worthülsen. Die Nachfrage lohnt sich kaum. Probieren Sie lieber den Wein. Die wahre Philosophie steckt in der Flasche.

III.

Daheim beim Wein

„Regen lässt das Gras wachsen, Wein das Gespräch."

Schwedisches Sprichwort

Einkaufen heisst probieren

Mit dem Wissen darüber, was der Winzer tut, sind Sie in der Lage, mit ihm „auf Augenhöhe" zu sprechen. Beim Verkaufsgespräch steht natürlich der Wein im Mittelpunkt. Wie geht das nun? Es fängt damit an, dass Sie den Winzer im Weingut aufsuchen. Sie möchten vielleicht einen bestimmten Wein kaufen, vielleicht aber auch erst einmal das Sortiment ein wenig kennenlernen.

Beim Wein ist es im Gegensatz zu den meisten Lebens- und Genussmitteln üblich, vor dem Kauf zu probieren. Eine große Weinhandelskette mit französischem Namen hat vor vielen Jahren diese Idee erfolgreich umgesetzt: „Einkaufen wie beim Winzer" – das heißt, alle oder die meisten Weine können vor dem Kauf verkostet werden.

Die Weinprobe beim Winzer unterscheidet sich von der „touristischen“ Weinprobe dadurch, dass ihr Ziel die Kaufentscheidung ist. Touristen wollen sich eher einen Eindruck von den Weinen verschaffen. Für sie ist das Erlebnis der Probe selbst das Ziel.

Besuch im Weingut

Immer mehr Winzer bieten im Rahmen des neuen Trends „Weintourismus“ Besuchern die Möglichkeit, ihr Weingut kennenzulernen und die Weine zu probieren. Sie haben erkannt, dass gerade dieses Erlebnis den Kauf beim Winzer vom anonymen Einkauf im Supermarkt positiv abhebt. Auch der Fachhändler bietet seine Weine zum Probieren an. Doch er hat von einzelnen Erzeugern in der Regel nur ein ausgesuchtes Sortiment zur Hand. Nur im Weingut können Sie das Angebot des Winzers mehr oder weniger vollständig verkosten.

Ein elegant gestalteter Verkostungsraum oder eine Verkostungstheke befindet sich heute in vielen Weingütern. Größere Weingüter und Genossenschaften haben richtige Verkaufsräume mit eigenem Personal. Achtung, hier sollten Sie auf allzu fachspezifische Fragen zu den Weinen lieber verzichten. Das Verkaufspersonal kennt selbst oft nur die schriftlichen Expertisen und die Preisliste.

Ein Weingut bedeutet immer Arbeit. Besonders Winzer, die ihr Weingut allein oder mit der Familie bewirtschaften, können nicht zu jeder Zeit für den Verkauf zur Verfügung stehen. Sie sollten sicherheitshalber vorher prüfen, ob es Öffnungszeiten gibt. Im Zweifel vereinbaren Sie vorher telefonisch einen Termin. In manchen Weinbaugebieten weisen Schilder an der Straße darauf hin, dass ein Weingut für Besucher geöffnet ist: „Dégustation – Vente – Ouvert" – Verkostung, Verkauf, geöffnet.

Manche Winzer veranstalten für ihre Kunden Jahrgangspräsentationen. Das bedeutet, dass an einem bestimmten Tag die frisch abgefüllten Weine des neuen Jahrgangs verkostet werden können. Termine sind oft im Internet angegeben. Es ist eine gute Gelegenheit, sich einen Eindruck vom Werk des Winzers zu verschaffen. Dieser ist in aller Regel persönlich anwesend. Der Vorteil: Sie müssen nicht permanent das Gespräch führen, da ja noch viele andere Besucher da sind.

Rundgang durch den Keller

Wenn Sie Gelegenheit dazu haben: Lassen Sie sich vom Winzer durch seinen Keller führen. Dafür sollten Sie vorher einen Termin ausmachen, denn so ein Rundgang kann länger als eine halbe Stunde dauern. Nur große Weingüter – vorbildlich einige bekannte Champagner-Kellereien –

sind auf Besucher und Besuchergruppen eingerichtet und offerieren regelrechte Parcours mit Informationstafeln und mehr. Verzichten Sie in der Zeit der Lese auf einen Kellerrundgang. Im Keller herrscht dann Hochbetrieb. Es geht bisweilen chaotisch zu. Besucher stören. Sobald der Wein im Tank ist, wird es wieder ruhiger (und es sieht auch ordentlicher aus).

Eine Kellerführung folgt in der Regel der Biografie des Weines. Die Stationen, auf die Sie achten und was Sie dazu sagen könnten:

Station 1: Traubenannahme und Kelter

Hier kommen die Fahrzeuge mit den Trauben an. Die Trauben werden meist von einem Anhänger in eine Art Wanne geschüttet, die in den Boden eingelassen ist. Eine Schraube oder Schnecke transportiert die Trauben zur Kelter. Vorher werden sie entrappt (von den grünen Stängeln getrennt), auch das besorgt eine Maschine.
Sie fragen, ob die Trauben vielleicht auf einem Fließband oder Selektiertisch von Hand selektiert werden – damit nur ganz gesunde und intakte Trauben verarbeitet werden.

Die Presse ist der Stolz jedes Winzers – ein teures Ding, das nur einmal im Jahr benutzt wird. Sie sieht aus wie ein liegender Zylinder. Wie bei der „Sendung mit der Maus“ kann man von außen nichts sehen.

Sie würdigen natürlich die „schonende Verarbeitung der Trauben" durch den pneumatischen Druck. Eventuell können Sie fragen, ob der Winzer die Ganztraubenpressung praktiziert, ein sehr schonendes Verfahren.

Station 2: Ja wo gären Sie denn?

Als Nächstes werden Sie die Behälter sehen, in denen der Weißwein-Most vergoren wird oder in denen die Rotweinmaische mazeriert, bevor der Most von der Maische getrennt wird.

Durch Rohrleitungen fließt der frisch gepresste Most in den Gärbehälter. Moderne Weingüter sind manchmal eigens so angelegt, dass keine Pumpen benutzt werden, sondern die Schwerkraft für den Winzer arbeitet. Ein gewisser baulicher Aufwand! Der Most soll so wenig wie möglich durch mechanische Einwirkung „strapaziert" werden, damit der Wein noch besser wird. Der Winzer wird Sie mit Sicherheit darauf hinweisen. Die Größe der Tanks – meist gibt es verschieden große – deutet auf die Betriebsgröße hin, aber auch auf die Arbeitsweise des Winzers. Wenn er viele kleine Tanks hat, vinifiziert er zahlreiche Parzellen getrennt – ein Perfektionist! Was Sie noch in diesem Bereich des Kellers sehen: diverse Filteranlagen (langweilig) und viele Schläuche. Der Fußboden ist meist mit Kunststoff beschichtet; es muss hier peinliche Hygiene herrschen.

Sie fragen, warum die Schwerkraft besser ist als Pumpen. Je nach Behälter (Beton-Zisterne, Holzfass, Stahltank) können Sie nach den technischen Eigenschaften fragen (das Fassungsvermögen steht meistens außen angeschrieben). Stehen malerische Holzfuder herum, liegt die Frage nach deren Alter auf der Hand. Manchmal dienen sie nur zur Zierde, nicht selten aber werden sie immer noch benutzt! Fragen Sie bei Rotweinen, wie oft der Tresterhut hinuntergedrückt wird – oder ob der Most von unten nach oben auf den Tresterhut gepumpt wird. Und wie lange der Rotwein auf der Maische steht. Nicht vergessen, ob bei Rot- oder Weißwein: die Gärtemperatur!

Station 3: Ausbau und Reifung

In anderen Behältern stehen die fertigen Weine. Das können große Stahltanks sein, aber natürlich auch die malerischen Barrique-Fässer, die in einem eigenen Keller liegen. Für Weinliebhaber gibt es keinen schöneren Anblick als lange Reihen von Barrique-Fässern. Die Erzeuger wissen das und richten ihre Barrique-Keller manchmal wie Kathedralen ein. Sie als Besucher benehmen sich natürlich entsprechend. Bitte nicht im Vorbeigehen an die Tanks und Fässer klopfen, das mag kein Winzer. Der Inhalt ist meistens auf kleinen Tafeln oder Zetteln zu sehen. Alte Kelleranlagen, die manchmal natürliche Felswände haben, sind innen schwarz. Das kommt von einem speziellen Pilz (Cladosporium cellarii), der von den Ausdünstungen der Weinfässer lebt. Nicht berühren – er ist Zeichen einer intakten Kellerfauna und regelt die Luftfeuchtigkeit. Die sollte in einem idealen Wein-

keller 70 bis 80 Prozent betragen, die Temperatur am besten 10 bis 12 Grad Celsius. (Das gilt auch für Ihren privaten Weinkeller zu Hause!)
Sie fragen, wie viele Barriques der Winzer hat, welches Holz und welche Toastung er bevorzugt und warum. In Lagerkellern herrschen meist niedrige Temperaturen und eine feierliche Stille. Vielleicht wird Ihnen der Winzer eine Tank- oder Fassprobe gestatten. Dabei wird etwas Wein aus dem Tank oder Fass entnommen und verkostet.
In Sekt- und Champagnerkellern, die nach der traditionellen Methode arbeiten (also nicht mit großen Drucktanks aus Stahl), werden Sie an den Wänden lange Reihen kunstvoll gestapelter Flaschen mit Kronkorken sehen. Darin reift der zukünftige Schaumwein „auf der Hefe" dem Moment des Degorgierens entgegen. Hält man die waagrecht liegende Flasche ans Licht, kann man den Hefesatz als Ablagerung sehen.

Schatzkammer

Außer in Champagner- und Schaumweinkellern werden Sie kaum Flaschen finden – es sei denn, das Weingut verfügt über eine „Schatzkammer". Das sind spezielle Kellerräume, in denen – oft hinter Gittern – alte Jahrgänge lagern. Sie sind von Staub und Kellerschimmel bedeckt und ein sehr romantischer Anblick. Man kann vor solch einer Schatzkammer nachdenklich werden und über die Magie der Zeit und die eigene Vergänglichkeit meditieren. Ob Wein aus Ihrem Geburtsjahrgang zu finden ist?

Sie fragen, wie viele Flaschen in der Schatzkammer lagern, welches der älteste Jahrgang ist und was der beste Jahrgang in den letzten zehn Jahren war. Die Frage nach dem Wert der Flaschen ist verständlich, aber kaum zu beantworten. Außer bei sehr renommierten Weingütern gibt es für alte Weine kaum einen Markt. Wieder ein Gesprächsthema!

Station 4: Rein in die Flasche – Abfüllanlage

Das Ende der Führung ist der ernüchternde Teil: Eine Abfüllanlage ist laut (wenn in Betrieb) und unromantisch. Die Mitarbeiter, die wie Charlie Chaplin in „Moderne Zeiten" tagaus, tagein dieselben Handgriffe vornehmen müssen, tragen Gehörschutz und sind kaum zu beneiden. Am bedauernswertesten ist jene Person, die die Kartons auffalten muss, in die die fertigen Flaschen automatisch gestellt werden. Nichts wie raus! Vorher führt Sie der Winzer durch sein klimatisiertes Versandlager, in dem Kartons auf Paletten stehen. Nun ja. Für den Winzer geht es hier um mehr: Hier entsteht durch das Etikett und die Ausstattung erst die Identität seines Weines, so, wie sie der Kunde kennt.
Sie fragen höchstens, wie viele Flaschen die Anlage pro Tag schafft.

Der Gang durch den Weinberg

Möchten Sie den Weinberg sehen? Auch dies ist meistens möglich, sollte aber nur nach vorheriger Absprache erfolgen. Der Winzer nimmt Sie gerne in seinem Allrad-SUV mit über die halsbrecherischen Wirtschaftswege. Wenn Sie dann im Weinberg stehen, können Sie eigentlich nur die Aussicht bewundern. Je nach Jahreszeit geben die Reben Anlass zu Fragen. Aber was Ihnen der Winzer vor allem zeigen möchte, ist der Boden, das Terroir (siehe Kapitel 2). Leider sieht es meistens aus wie braune Erde mit weißlichen Steinen. Es riecht und schmeckt nicht so, wie der Wein riecht und schmeckt.

Sie fragen, welche Sorten im Weinberg stehen, wie alt die Reben sind und warum zwischen den Zeilen begrünt wird oder nicht. Auf den Boden wird der Winzer von selbst zu sprechen kommen und Ihnen das Nötige erklären. In einer Steillage zu stehen, kann Ihnen vor Augen führen, wie schwer der Winzerberuf sein kann. Stellen Sie sich vor, Sie müssten Körbe oder Bütten voller Trauben hinauftragen.

Auch ohne Winzer Wein erleben

Weinregionen sind nicht nur für Weinfans lohnende Ausflugs- und Reiseziele. In Deutschland gibt es neuerdings in allen Anbaugebieten gut beschriebene Wandertouren (www.deutscheweine.de). Die klassischen Weinlehrpfade bieten eine Menge Informationen; sie führen fast immer durch landschaftlich schöne Gebiete. In Regionen mit Steillagen (Mosel) hat man Klettersteige eingerichtet – so werden Sie richtig „weinfit" (und wenn Sie oben angekommen sind, serviert man Ihnen zur Belohnung vielleicht ein Gläschen).

In Frankreich gibt es in vielen Regionen und Appellationen ein Haus des Weins (Maison du Vin), in dem Besucher alles Wissenswerte erfahren, Weine probieren oder auch kaufen können. Die Präsentationen sind informativ und vielfach originell aufbereitet. Ideal für Einsteiger, denn hier bekommen Sie auch Tipps, welche Weingüter auf Touristen eingestellt sind. In Italien und anderswo gibt es regionale Önotheken – eine Mischung zwischen Weinladen und Probierstand. Dort haben die Erzeuger der Region ihre Weine zum Verkosten und Kaufen stehen. Das spart den manchmal aufwendigen Besuch beim Winzer. Die Preise unterscheiden sich kaum von denen, die der Winzer verlangt.

Die kulinarische Weinprobe

Sind Sie Kunde bei einem Weinhändler oder Winzer? Oder Stammgast in einem gehobenen Restaurant? Dann bekommen Sie mit hoher Wahrscheinlichkeit Einladungen zu besonderen Veranstaltungen: kulinarischen Weinproben. Eine kulinarische Weinprobe ist eine Weinpräsentation im Rahmen eines mehrgängigen Menüs. Ein Essen in Gesellschaft eines Winzers, der zu jedem Gang einen oder mehrere seiner Weine präsentiert, wird auch gerne als Winemaker's Dinner bezeichnet.

Die Weine werden meist kurz vor dem Einschenken vom Winzer oder einem Moderator fachlich erläutert. Sie erfahren dabei die üblichen Einzelheiten aus der Weinbiografie. Für Sie als Gast heißt es dabei vor allem: zuhören. Es wird im Allgemeinen nicht erwartet, dass Sie Diskussionsbeiträge liefern. Manchmal – wie einst bei lehrreichen Exkursionen mit der Schulklasse – kann man sich des Gefühls nicht erwehren, die Gastgeber wären glücklich, wenn jemand eine gescheite Frage stellte. Wie das geht, können Sie in diesem Buch lernen. Anstrengender sind meistens die Tischgespräche. Wenn Sie Pech haben, sitzt ein Weinfreak neben Ihnen und langweilt Sie mit seinen „kleinen, völlig unbekannten Winzern, die Topweine machen", aus dem letzten Urlaub. Wenn Sie noch größeres Pech haben, leistet Ihnen ein Möchtegern-Weinfreak Gesellschaft. Ertragen Sie es, so gut es geht, und lassen Sie sich den Genuss nicht verderben.

Je nach Eloquenz des Vortragenden oder Moderators und je nach Anzahl der Gäste und der Qualität von Küche und Service kann eine solche kulinarische Weinprobe eine

Strapaze für Ihr Sitzfleisch sein. Abendfüllend ist sie in jedem Fall – nicht selten zahlen Gäste ja auch einen entsprechenden Preis. Lehrreich ist es in den meisten Fällen. Und Sie haben danach das angenehme Gefühl, „dabei gewesen zu sein".

Was suchen Sie?

„Guten Tag. Ich möchte gerne einige Weine von Ihnen probieren!" So könnte Ihr Gespräch im Verkaufsraum des Weinguts beginnen. Sie sehen schon den Klimaschrank mit den Flaschen. Sollten Sie sich noch nicht darüber im Klaren sein, welche Art Wein Sie genau suchen – man ist ja für allerlei offen –, ist es nützlich, eine Vorstellung von der Struktur eines typischen Sortiments zu haben. Die meisten Sortimente gliedern sich in drei Ebenen: Basis, Mittelbau, Premium. Das haben sich die deutschen Winzer bei den Kollegen der Neuen Welt ein wenig abgeschaut. Die hatten einen Chardonnay und einen Chardonnay Reserve im Angebot, der eine war preiswert, der andere teurer.

Das typische Sortiment

Basisweine für jeden Tag

Das Basissortiment besteht aus preiswerten Weinen, die in Deutschland oft in Literflaschen angeboten werden. Es

gibt sie fast immer in weiß und rot, trocken bis restsüß ausgebaut. Sie tragen auf dem Etikett sehr oft die Rebsorte, aber keine Lage. Diese Alltagsweine zeigen, was der Winzer kann. Ein perfekt vinifizierter Literwein ist ein guter Hinweis auf die Qualität des restlichen Sortiments. Es ist ratsam, eine Probe mit solch einem Wein zu beginnen. Preislich liegen diese Weine je nach Weingut, Sorte und Anbaugebiet zwischen unter 3 und 6 Euro.

Der Mittelbau: Gutsweine als Visitenkarte

Das Mittelsortiment der oft als Gutsweine bezeichneten Tropfen liegt preislich etwa zwischen 5 und 9 Euro (Abweichungen nach oben bei namhaften Erzeugern möglich!). Solide Qualität macht dieses Segment zur Visitenkarte des Weinguts. Die gibt der Winzer seiner Familie! Gutsweine können ohne Lagenbezeichnung angeboten werden. Häufig sind hier auch Großlagenbezeichnungen.

Premium: Lagenweine für Terroir-Kundige

Dort, wo es sinnvoll ist, sollte eine Einzellage angegeben sein. Gerne geben moderne Winzer auch Parzellen oder Bodentypen an: „Vom Grauschiefer“ heißt es dann etwa auf dem Etikett. Bei diesen Weinen sollte man „den Boden schmecken“. Hat der Winzer sortengleiche Weine aus mehreren Einzellagen, ist ein Vergleich besonders reizvoll. Dabei merken Sie am besten, was Terroir bedeutet.

Superpremium: Erste Lagen und Große Gewächse

VDP-Betriebe (Verband Deutscher Prädikatsweingüter) geben nur bei klassifizierten Spitzenlagen eine Bezeichnung an; es handelt sich dann beispielsweise um „Große Gewächse“ – die Spitzengruppe der Weine. Beim VDP heißt die Kategorie „Erste Lage“ (mit Traubenlogo). Große Gewächse (im Rheingau „Erste Gewächse“) sind die trockenen Weine aus Ersten Lagen. Übrigens können auch Nicht-VDP-Mitglieder solche Weine anbieten. Preislich liegen diese Weine je nach Erzeuger und Sorte über 15, in der Regel über 20 Euro pro Flasche.

Spezialitäten

Vielfach sind „Barrique“-Weine die Premiumgewächse eines Betriebes und werden auf den Preislisten unter einer eigenen Rubrik geführt. Auch Edelsüßes – Trockenbeerenauslesen, Eisweine – gelten als Spezialität. Winzer, die Cuvée-Weine machen, wissen oft nicht, wohin damit, und kreieren dafür eigene Rubriken. In Deutschland ist eine Cuvée etwas Besonderes und deshalb meist bei den gehobenen Qualitäten eingeordnet. Viele Winzer bieten auch Sekt an: Ein Winzersekt mit Bezeichnung des Anbaugebiets (Deutscher Sekt b.A.) ist immer nach traditioneller Flaschengärmethode hergestellt, und die Trauben stammen vom Erzeuger. Die Versektung kann jedoch anderswo stattfinden, wenn der Winzer nicht über die nötige Ausrüstung verfügt (Lohnversektung). Weinbrände und Tresterschnaps (Grappa) runden vielfach das Sortiment ab.

Also, was suchen Sie? Einen preiswerten Wein für jeden Tag? Einen besonderen Wein für ein gutes Essen, eine Familienfeier? Einen Spitzenwein zum Einlagern, Verschenken, Genießen? Einen Querschnitt durch das Programm? Je genauer Sie dem Winzer Ihren Wunsch mitteilen, desto besser wird er Sie beraten.

Tipps für Ratlose und Unentschlossene

Beginnen Sie mit einem preiswerten Wein. Notfalls können Sie – aus Höflichkeit – eine Flasche davon kaufen und die Probe dann beenden.

Suchen Sie auf der Weinkarte Weine, deren Namen Ihnen auffallen. Gerade für Premiumweine und Cuvées lassen sich Winzer oft etwas Besonderes einfallen, und wenn es nur die Namen der eigenen Kinder sind („Cuvée Maximilian"). So etwas ist für Sie ein guter Gesprächsanlass.

Fragen Sie den Erzeuger nach seinem eigenen Lieblingswein.

Fragen Sie den Winzer nach seinem besten Tropfen (selbstverständlich nur, wenn Sie ihn auch wirklich kaufen würden!).

Muss ich etwas kaufen?

Eine Weinprobe beim Winzer ist grundsätzlich unverbindlich. Sie müssen nichts kaufen. Freilich nehmen Sie die Zeit des Winzers in Anspruch, vielleicht eine ganze Stunde lang, und zeigen durch Ihren Besuch ja Interesse. Daher sollten Sie zumindest einen Goodwill-Kauf erwägen, es sei denn, kein einziger Wein sagt Ihnen zu. Wenn der Erzeuger einen Verkaufsraum mit eigenem Personal hat – bei großen Weingütern und Genossenschaften die Regel –, liegen die Dinge anders. Sie müssen sich dann nicht „moralisch zum Kauf verpflichtet" sehen.

Die Verkostung beim Winzer

„Guten Tag, wir möchten gerne einige Ihrer Weine probieren", haben Sie gerade gesagt. Und was passiert nun?

Sie merken schon: Das Fachwort heißt „verkosten". Eine Verkostung ist eine Weinprobe. Nur versteht man unter Weinprobe meistens eine Veranstaltung für Touristen oder Weinliebhaber, bei der anschließend nichts gekauft wird. Sie wollen ja kaufen! Also verkosten Sie. Das bedeutet: Sie müssen den Wein ausspucken (Touristen spucken selten!). Sehen Sie sich um: Wahrscheinlich steht an der Verkostungstheke ein Gefäß für diesen Zweck. Das kann ein Sektkühler oder ein trichterförmiges Behältnis mit einem Griff sein. Es gibt auch sehr schicke Gefäße aus Edelstahl, die wie zwei Rücken an Rücken aufeinandergesetzte Halbkugeln aussehen. Oder es steht eine Tonne mit einem trichterförmigen Einsatz auf dem Boden.

Tipp
Es ist eine kleine Kunst, beim Verkosten geschickt Wein auszuspucken, ohne Ihre Krawatte oder Bluse zu besudeln. Das Geheimnis: Die Lippen müssen eine gewisse Spannung haben und werden nur leicht geschürzt. Beim Zähneputzen üben! Der Strahl darf nicht zu fest sein, denn bei vollen Gefäßen kann es spritzen. Übungssache.

Der Winzer wird Ihnen den ersten Wein ins Glas füllen. Eventuell wird das Glas zuerst „aviniert" („weingrün gemacht"), das heißt, mit einer kleinen Menge des Weins ausgeschwenkt. Das verhindert Fremdgerüche.

Sollte der Winzer Sie fragen, was Sie zuerst verkosten möchten: Man beginnt zweckmäßigerweise mit den jüngeren, trockenen und einfacheren Weinen (weiß vor rosé und rot) und arbeitet sich nach und nach zu den reiferen, süßeren und komplexeren Gewächsen vor. So können Sie übrigens auch Ihre private Weinprobe zu Hause aufbauen. Der Grund ist einfach: Wenn Sie nach einem süßen oder sehr aromatischen Wein einen trockenen Tropfen probieren, ist Ihr Geschmacksapparat beeinflusst. Der Wein schmeckt Ihnen dann zu sauer.

Guter Wein – schlechter Wein

„Wie erkenne ich, ob ein Wein gut ist?“ Das ist die meistgestellte Frage unter Weinliebhabern. Erste Antwort: Durch Vergleichen. Einer von zwei Weinen gefällt Ihnen besser. Zweite Antwort: Wenn Ihnen der Wein gefällt, ist er gut. Dritte Antwort: Wenn der Wein unter objektiven Gesichtspunkten nicht nur keine Fehler aufweist, sondern besondere positive Eigenschaften hat.

Aus der Antwort 1 ergibt sich als Konsequenz die Einordnung der Weine in ein Notenschema. Noten sind verkürzte Vergleiche.

Die Antwort 2 ist für Sie (und den Erzeuger) die bedeutendste. Sie kaufen schließlich nur Wein, der Ihnen gefällt. Sie müssen nicht begründen, warum er Ihnen gefällt (dies zu tun ist allerdings die Leidenschaft jedes Weinfreaks!).

Antwort 3 ist die Perspektive des professionellen Weinbewerters. Er muss von seinen persönlichen Geschmacksvorlieben abstrahieren können und betrachtet den Wein nach technischen und „organoleptischen“ (das heißt: mit den Sinnesorganen wahrnehmbaren) Kriterien. Dabei spielen auch Aspekte wie Sorten- und Regionaltypizität eine Rolle also ob ein Wein so schmeckt, wie er seiner Sorte und Region nach zu schmecken hat. Nach diesen Kriterien sind früher im Barrique ausgebaute Weine ausgesondert worden, da sie „untypisch“ waren.

Bleiben wir bei Antwort 2: Wenn Ihnen ein Wein gefällt, so erfüllt er mit hoher Wahrscheinlichkeit folgende Kriterien:

Er hat eine schöne klare Farbe ohne Trübung, die seinem Alter entspricht.

Er riecht appetitlich, sodass es Ihnen Spaß macht, mit der Nase im Glas zu schnuppern. Es gibt keine seltsamen Duftnoten.

Er schmeckt so, dass Sie viele Aromen entdecken. Weder Säure noch Süße noch Gerbstoffe sind übermäßig stark wahrnehmbar. Alles passt harmonisch zusammen.

Das Mundgefühl wird nicht von pelzigen, trocknenden oder bissigen Eindrücken beeinträchtigt.

Er ist nach dem Schlucken noch einige Sekunden im Mund zu spüren („Länge“).

Sie können diesen Kriterienkatalog benutzen, um sich einen Eindruck von einem Wein zu verschaffen. Wenn Sie sich für jedes Kriterium eine Notenskala denken, haben Sie schon das Prinzip der Weinbewertung verstanden. Dabei werden nämlich für jede Eigenschaft (Farbe/Klarheit, Duft, Geschmack) Punkte vergeben, anschließend addiert oder gemittelt.

Schlechte Weine sind heute selten und werden Ihnen während der Verkostung beim Winzer kaum begegnen. Dennoch sind „Weinfehler“ ein beliebtes Thema unter Weinfreunden.

Was passieren kann

Korkfehler: entsteht durch Stoffwechselprodukte von Mikroorganismen. Muffiger Geruch, ebensolche Geschmacksnote, die an alten Senf erinnert. Es gibt auch Weine, die nur leicht vom Korkfehler befallen sind („Der hat doch was??“). Prüfen Sie, indem Sie einen Schluck aus einer anderen Flasche des gleichen Weins probieren.

Böckser: Duft nach Kohlenwasserstoff („faule Eier“), entsteht durch Fehler bei der Vinifizierung. Kann durch Belüften des Weines (eifriges Schwenken im Glas oder „Shaken“) verschwinden.

Flüchtige Säure: Geruch nach Essig oder „Ameisensäure“.

Lösungsmittel: riecht wie Nagellackentferner oder Klebstoff. In Maßen bei Süßweinen tolerabel, sonst ein Fehler.

UTA: Wenn bei jungen Weinen Alterungstöne festzustellen sind, spricht man von „untypischer Alterungsnote“ oder UTA. Ursache: Trockenstress bei den Reben. Erinnert an alte, nasse Lappen oder nasse Schafswolle.

Kochnote: bei Rotweinen unangenehme Aromen von gekochten roten Beeren (Grütze); kann auf Reife hindeuten oder auf schlecht durchgeführte Maischeerhitzung.

Animalnote: Duft nach Raubtiergehege, Pferdestall oder Schweiß, in Maßen bei Rotweinen tolerabel. Wird von Mikroorganismen (Brettanomyces) hervorgerufen. Ursache: mangelhafte Hygiene in Holzfässern.

Petrolnote: typisch bei reifen Rieslingen mancher Regionen, wird teilweise toleriert. Erinnert in seiner stärksten Ausprägung tatsächlich an Heizöl.

Weine richtig verkosten

Kein Weinbuch ohne Anleitung zum Verkosten. Deshalb hier nur das Grundsätzliche. Profis beurteilen einen Wein nach Farbe, Duft und Geschmack.

Farbe

Die Farbe dürfte kein besonderer Punkt sein – moderne Weine sind klar und leuchtend; da werden Sie kaum etwas zu beanstanden haben. Im Schummerlicht eines Probierkellers bringt es wenig, wie die Leute aus den Weinbüchern das Glas schräg vor einen hellen Hintergrund zu halten. Eine Einkaufsverkostung ist keine Qualitätsweinprüfung. Darum

lassen Sie dieses in diesem Kontext leicht affige Gehabe am besten bleiben. Sie können auffallende Farben kommentieren: einen rötlichen Schimmer bei Weißweinen (möglich bei Grauburgunder, Blanc de Noirs), eine sehr kräftige Gelbfärbung (Hochfarbe) bei Jungweinen (sonst Kennzeichen älterer Weine), oder eine sehr dunkle rote Farbe bei Rotweinen. Lassen Sie es sonst bei einem „Schön klar" bewenden.
Ein weiterer Aspekt, der in vielen Weinbüchern nachzulesen ist: die „Kirchenfenster". Damit sind Schlieren an der Innenseite des Glases gemeint. Sie entstehen durch den natürlichen Glyceringehalt eines Weines und sehen bei nektarartigen Süßweinen besonders hübsch aus. Ein Qualitätsmerkmal sind diese Schlieren kaum. Sie müssen nicht danach suchen und diese auch nicht kommentieren.

Duft

Dass das Glas erst einmal an die Nase geführt wird, ist bei vielen Weinliebhabern schon eine Art Reflex. Lassen Sie den Wein leicht kreisen, weil sich die Aromen so besser mit der Luft verbinden. Der Winzer wird eine kleine Rückmeldung von Ihnen erwarten.

Darauf sollten Sie achten

Spricht mich der Duft an?
Wirkt der Duft frisch und sauber, wie von frischen Früchten?
Ist der Duft intensiv genug oder sehr schwach?
Woran erinnert er mich?

Geschmack

Prüfen Sie den Geschmack, indem Sie einen nicht zu kleinen Schluck Wein in den Mund nehmen. Lassen Sie ihn über die Zunge „rollen". Profis ziehen nun schlürfend Luft in den Mund. Denn das, was Sie zu „schmecken" glauben, ist in Wahrheit Aroma, also Duft. Es muss sich mit Luft verbinden können. Die Aromen steigen nicht durch die Nase, sondern durch die Rachenhöhle zum Riechzentrum. Fachwort: retronasal (von hinten in die Nase). Die Zunge kann nur süß, sauer, bitter und salzig unterscheiden. Eine fünfte, vor einiger Zeit entdeckte Fähigkeit der Zunge spielt beim Wein eine geringe Rolle: die Wahrnehmung des Geschmacks „umami", bekannt vom Natriumglutamat. Er erinnert an Fleischbrühe.
Der Geschmack ist das Wichtigste. Wie Sie ihn bewerten, darauf ist der Winzer sicher gespannt.

Darauf sollten Sie achten

Passt der Geschmack zum Duft?
Wie fühlt sich der Wein im Mund an (frisch-prickelnd, geschmeidig-samtig, breit und rund …)?
Woran erinnert der Geschmack?
Macht das Geschmacksbild einen harmonischen Eindruck, passt alles zusammen?

Wenn Sie sich einen Eindruck verschafft haben, spucken Sie den Probeschluck in das dafür bereitstehende Gefäß. Sollten

Sie im Keller aus dem Tank oder Fass probiert haben, können Sie auch auf den Boden ausspucken. Der Winzer wird es Ihnen vormachen.

Wein treffend kommentieren

Bei der Verkostung stellt sich der Winzer mit seinen Produkten Ihrem Urteil. Er freut sich auf Ihre Meinung. Natürlich können Sie es bei einem Nicken oder beifälligen Brummen bewenden lassen und wortlos ein paar Notizen in Ihr Buch kritzeln. Aber schöner – für beide Seiten – ist es, über den Verkostungseindruck ins Gespräch zu kommen. Sie werden sich dabei vielleicht sogar selbst klarer darüber, welchen Wein Sie mögen.

Ganz wichtig: Einen Wein zu kommentieren heißt nicht zwangsläufig, ihn nach allen Regeln der Kunst sensorisch zu beschreiben („Weinansprache"). Eine Verkostung beim Winzer ist keine Qualitätsweinprüfung, bei der ein Wein möglichst neutral nach den Profi-Standards beschrieben werden muss. Sparen Sie sich das für eine andere Gelegenheit auf. Hier geht es vor allem darum, zu formulieren, wie Ihnen persönlich der Wein gefällt. Dazu können Sie viele Möglichkeiten nutzen.

Die Situation unterscheidet sich von einer Blindprobe unter Profis, weil der Erzeuger persönlich anwesend ist und Sie den Wein kennen, den Sie verkosten. Schon aus Höflichkeit verbieten sich abfällige und vernichtende Kommentare. Allerdings gehören Winzer zu den strengsten Richtern bei professionellen Blindproben. Es soll schon vorgekommen sein, dass ein Erzeuger seinen eigenen Wein – bei einer Blindprobe weiß man nicht, wer den Wein gemacht hat – als „Katastrophe" bezeichnet hat. Wie auch immer: Sie sind kein professioneller Weinkritiker. Ihr Ziel ist nicht, einen Winzer „in die Pfanne zu hauen". Wirklich schlecht gemachte Weine sind beim heutigen Stand der Technik übrigens selten. Dagegen kann man durch Vergleich feststellen, dass Wein A „besser" als Wein B ist. Das dürfen Sie ganz subjektiv so empfinden, und kein Winzer wird es Ihnen verübeln, wenn Sie den zweiten Wein besser finden als den ersten.

Nonverbale Reaktion

Wenn Ihnen nichts einfällt: Das schon erwähnte beifällige Nicken und „Mmmh!" machen. Nutzen Sie die Chance, wenn Sie den Mund noch voll Wein haben. Dann kann niemand erwarten, dass Sie das Wort ergreifen. Sollte Ihnen der Wein weniger zusagen, gibt es im nonverbalen Register entsprechende Möglichkeiten.

Allgemein bis konkret

Der gewisse Erwartungsdruck bei der Verkostung, etwas zu sagen, ist Weinliebhabern gelegentlich unangenehm. Aber wenn Sie die Schwelle zum Verkostungsraum überschritten haben, ist das Schwerste schon geschafft. Denken Sie immer daran: Die Situation erfordert kein objektives Urteil, sondern Sie können und sollen Ihren ganz persönlichen Eindruck wiedergeben. Da man über Geschmack nicht streiten kann, sind Sie unangreifbar. Jeder Winzer weiß, dass seine Kunden ganz unterschiedliche Vorlieben und Bedürfnisse haben. Würde er sonst eine Vielzahl Weine anbieten?
Hier dreimal zehn Tipps, wie Sie etwas sagen können, ohne sich allzu weit auf unbekanntes Terrain vorzuwagen.

Sie denken	Sie sagen zum Beispiel
Guter Wein!	Guter Wein! Perfekt gemacht. Finde ich sehr stimmig. Sehr typisch und klar gestylt.* * gestylt hat manchmal einen leicht negativen Beigeschmack! Alles dran, was ein Wein braucht. Finde ich sehr animierend/spannend. Passt! Das isses doch! Runde Sache. Trifft genau meine Vorstellung.

Sie denken	**Sie sagen zum Beispiel**
Ganz nett, aber nicht das, was ich suche	Ich kann mir denken, dass dieser Wein vielen schmeckt. Ordentlicher Tropfen. Sicher ein verständlicher Wein. So was Ähnliches suche ich. In seiner Art ganz gut. Jaaaaa … schon. Doch … Der geht so ungefähr in meine Richtung. Der erinnert mich irgendwie an einen Wein, den ich neulich probiert habe. Haben Sie einen, der so ähnlich ist?
Nö. Den nicht.	Hm-hm. Na ja. Ist nicht so mein Ding. (Nicht so meins.) Finde ich etwas gewöhnungsbedürftig. Ganz interessant. Eigentlich suche ich etwas für einen bestimmten Anlass. Das ist schon etwas Ausgefallenes. Schon toll, was man alles machen kann.

Irgendwas stört mich da.
Ich weiß nicht, aber irgendwie
macht der mich nicht so an.

Sie sehen: Das ist nicht die klassische Weinansprache. Es kann freilich nicht schaden, wenn Sie den einen oder anderen Ausdruck aus der Verkoster-Fachsprache fallen lassen. So erkennt der Winzer, dass er es nicht mit einem blutigen Anfänger zu tun hat. Wenn Sie statt „probieren" „verkosten" sagen und statt des „Buketts" die „Nase" des Weins loben, reicht das schon. Selbstverständlich sollten Sie keine Spezialausdrücke verwenden, wenn Sie deren Bedeutung nicht genau kennen.

Denken Sie an die vielfältigen, von der Weinbiografie gebotenen Gesprächsmöglichkeiten: Wie wurde der Wein gemacht? Wo wachsen die Reben? Bei höheren Qualitäten: Was bedeutet der Name?

Lieber nicht: Was Sie vermeiden sollten

Alles, was verletzend ist und die Arbeit des Winzers herabwürdigt: Äußerungen wie „Völlig daneben", „Unharmonisch" oder „Katastrophal!" sind ein Schlag ins Gesicht des Erzeugers. Nicht mal professionelle Kritiker sollten sich eine solche Urteilskraft anmaßen. Ein Winzer arbeitet immer nach bestem Wissen und ist stolz auf seine Produkte.

Pseudowissen: Sie entlarven sich selbst, wenn Sie im falschen Kontext mit Begriffen um sich werfen, von denen der Winzer definitiv mehr Ahnung hat als Sie selbst. Vermeiden Sie alles, was oberlehrerhaft klingen könnte: „Ein Riesling muss ganz anders schmecken!“ oder: „Der Jahrgang war ja nicht so toll.“

Misstrauen ausdrücken: Wein war früher begehrt und teuer. Schon immer haben Händler oder Erzeuger versucht, mit unerlaubten Mitteln Qualität vorzutäuschen. Im Mittelalter waren die Strafen für Weinpanscher so drastisch wie die für Bäcker, die ihr Brot mit falschem Maß abwogen. Auch heute werden Weine gefälscht. Die Pressemeldungen von allerlei Weinskandalen halten die Erinnerung daran wach. Bei vielen Verbrauchern, die vom Trommelfeuer aller möglichen Ratgeber geprägt sind, herrscht die Grundhaltung vor: „Man wird überall betrogen, alle wollen nur mein Geld.“ Doch der Winzer, der seine Weine selbst vermarktet, erwiese sich einen Bärendienst, wenn er seinen Kunden nicht das Beste vorsetzen würde, was er hat. Vermeiden Sie Fragen, die seine Berufsehre in Zweifel ziehen: „Haben Sie für diesen Wein Eichenchips eingesetzt?“ „Ist das auch wirklich ein Bio-Wein? Wer sagt mir, dass im Nachbarweinberg nicht konventionell gespritzt wird?“ Sie machen sich ebenfalls unbeliebt, wenn Sie positive Urteile in der Fachpresse und Auszeichnungen im Beisein des Winzers als „gekauft" schlechtmachen.

Am Preis mäkeln: Jeder Wein ist wert, was der Käufer dafür bezahlen möchte. Kommentieren Sie die Preisgestaltung des Winzers nur, wenn Sie einen Wein besonders preisgünstig finden. Was Ihnen zu teuer ist, müssen Sie ja nicht kaufen. Feilschen ist unüblich. Wenn Sie jedoch ein gutes Gespräch geführt haben und danach eine gewisse Menge Wein kaufen, wird Ihnen der Winzer von selbst entweder einen Rabatt einräumen oder eine Gratisflasche dazupacken. Kundenbindung!

Mit der Konkurrenz vergleichen: Das mag kein Erzeuger. Gift für das Gespräch sind Bemerkungen wie „Da habe ich aber neulich einen Wein von XY probiert, der war billiger und besser!" oder „Das können die Franzosen aber wesentlich besser!". Selbst wenn es Ihrem persönlichen Eindruck entspricht, sollten Sie derlei für sich behalten. Eine zweischneidige Sache sind positiv gemeinte Vergleiche wie: „Ihr Sekt braucht den Vergleich mit Champagner nicht zu scheuen!" Am besten wäre es, der Sekt stünde für sich allein, oder?

Weine kompetent beschreiben: So machen es die Profis

Die klassische Weinansprache geht nach bestimmten Regeln vor und bezieht auch Begriffe aus der Wein-Fachsprache ein. Ein wenig Übung gehört dazu. Wenn Sie in einer Weinzeitschrift die Beschreibungen lesen, können Sie sich ganz gut vorbereiten. Benutzen Sie die Weinsprache erst, wenn Sie sicher sind, diese zu beherrschen.

Der Wein wird professionell in derselben Reihenfolge wie oben erwähnt beschrieben: Augen, Nase, Mund. Zuerst beschreiben Sie die Farbe und Klarheit, dann die „Nase" (früher „Bukett" genannt) und zum Schluss den Geschmack und das Mundgefühl.

Hier einige Beispiele

Beispiel 1

Ein Riesling von der Nahe, der mit 88 von 100 Punkten bewertet wurde, aus einem Weinführer (dem „Eichelmann", Ausgabe 2007).

„Klar, konzentriert, feine Würze, jugendliche Frucht; harmonisch, reintönige Frucht, feine Frische und Biss."

Das Semikolon trennt die Beschreibung des Dufts (der Nase) von der Beschreibung des Geschmacks. So erklärt sich auch die Wiederholung von „Frucht" – diese tritt dem Verkoster im Duft und im Geschmack entgegen.

Der optische Eindruck fehlt hier, er hätte zu Beginn erwähnt werden müssen und könnte etwa lauten: „Helles Strohgelb mit grünen Reflexen." So wird ein typischer junger Weißwein beschrieben.

Übersetzung

Der Duft ist klar und intensiv, der Wein riecht etwas nach Kräutern oder Gewürzen (zum Beispiel Pfeffer). Man merkt am Geruch, dass es sich um einen jungen Wein handelt: keine Reifenoten, sondern ein Duft wie von frisch aufgeschnittenen Früchten, etwa Äpfeln oder Pfirsichen. Im Mund stellt man typische Fruchtnoten der Sorte (Riesling) fest, ohne dass andere Aromen stören. Die Säure lässt den Wein lebendig und frisch wirken. Wenn man ihn verschluckt, spürt man die Säure noch eine Weile. Sie ist recht kräftig.

Sie werden feststellen, dass die eingangs zitierte Beschreibung sehr verkürzt ist. Unsere „Übersetzung“ ist deutlich länger. Außerdem fragen Sie sich vielleicht, was Sie mit solch einer Beschreibung anfangen sollen – zumal sie sehr ähnlich klingt wie viele andere auf der betreffenden Seite. Trösten Sie sich. Fachleute können damit etwas anfangen, vor allem, wenn sie die Punktebewertung mit einbeziehen. 88 Punkte, das ist ein „sehr guter“ Wein. Ein Profi kann sich vorstellen, wie ein „sehr guter“, jugendlicher Riesling schmeckt. Solche Weinbeschreibungen sind übrigens – im Unterschied zu Werbetexten – nicht dafür gemacht, die Kauflust zu wecken.

Beispiel 2

Ein spanischer Rotwein aus einer Weinzeitschrift. Er wurde mit 16,5 von 20 Punkten bewertet („beeindruckend bis außergewöhnlich“).

„Höchst ansprechende Aromatik mit roten Beeren, frischem Eichenholz, Pfeffer und Rauchspeck. Im Gaumen sehr geschmeidig, mit geradezu seidiger Textur. Tolles Gerbstoff-Säure-Gerüst.“

Übersetzung

Auch hier steht der erste Satz für den Geruch, der zweite für den Geschmack. Die Farbe ist nicht beschrieben.

Der Duft gefällt dem Verkoster sehr gut; er erinnert an „rote Beeren“ (damit sind rote Früchte wie Kirschen oder Himbeeren gemeint), Pfeffer und Rauchspeck. Frisches Eichenholz riecht leicht nach Vanille, man kann auch an den Geruch in einer Möbelschreinerei denken. Jedenfalls ist dieser Rotwein im Barrique ausgebaut worden und wohl auch schon etwas älter (Rauchspeck deutet auf eine gewisse Reifung hin), obwohl das Holzaroma „frisch“ wirkt. Das Barrique war also nicht stark getoastet. Das Mundgefühl ist angenehm glatt und geschmeidig und erinnert an Seide (weich und fließend, sehr fein). Unter Textur verstehen Fachleute die fühlbare, meist von den Gerbstoffen geprägte Struktur eines Weines: Wirkt er fest oder weich? Hier seidig weich, die Gerbstoffe treten also nicht sehr stark in den Vordergrund. Sie ergänzen sich gut mit der Säure des Weins. Der Wein wirkt im Mund lebendig und saftig. Frisches Obst besitzt bekanntlich immer Säure, deshalb schmeckt es so erfrischend.

Wenn Sie mehrere Weine verkosten, wird Ihnen auffallen: Es ist ganz schön schwer, sich bei jedem Wein etwas Neues auszudenken. Die Beschreibungen klingen immer ähnlicher. Und Lust auf den Wein machen die wenigsten. Profis geht es auch nicht darum. Sie wollen möglichst genau festhalten, wie der Wein aussieht, riecht, schmeckt und sich anfühlt.

Geben Sie Wein ein Gesicht!

Mehr Farbe bekommt das Ganze, wenn Sie sich von der reinen Beschreibung der Aromen etwas lösen und versuchen, den Wein plastisch zu charakterisieren, zu „personifizieren“.

Ein Wein, der als „vollendeter Gentleman“ beschrieben wird, dürfte Eleganz und Leichtigkeit mit Kraft verbinden und in seiner Aromatik eher dezent als überlaut wirken. Ein „rustikaler Wein mit Ecken und Kanten“ wirkt im Mund eher etwas hart und „ungehobelt“, ist vielleicht noch zu jung und passt zu sehr kräftigen Speisen. Ihm fehlt jedenfalls „Schliff“, wie einem jungen Burschen vom Lande in Hemdsärmeln.

Denken Sie an einen Anlass

Ist Ihnen das Personifizieren zu gewagt? Dann sollten Sie vor allem daran denken, zu welchen Speisen oder Anlässen Sie den Wein gerne genießen würden. „Ein Wein zum Sonntagsbraten“ – darunter kann sich jeder einen kräftigen, samtigen Roten vorstellen, elegant und finessenreich, etwas Besonderes, nicht Alltägliches. Ein „Zechwein“ muss ein leichter, saftiger Tropfen sein, der nicht zu viel Aufmerksamkeit verlangt und von dem man gerne zwei Gläser mehr trinkt, wenn man mit guten Freunden beisammensitzt. Diese Überlegung führt sehr schnell zu einer guten Weinkommentierung und bereichert das Gespräch mit dem Winzer. Sind Sie sich nicht sicher, fragen Sie einfach den Winzer: „Was würden Sie zu diesem Wein kochen?“

Ein paar Faustregeln

Folgen Sie bei der Weinansprache der Systematik Augen – Nase – Mund.

Suchen Sie Ähnlichkeiten in den Aromen: Woran erinnert Sie der Geruch? Weiße Weine erinnern oft an „weiße" oder gelbe Früchte: Äpfel, Birnen, Aprikosen, Pfirsiche, Litschi, Ananas, Mango … Rote Weine lassen an rote oder schwarze Früchte denken: Brombeeren, Pflaumen, Johannisbeeren (Cassis), Süßkirschen, Sauerkischen, Erdbeeren, Himbeeren, Preiselbeeren, … Rosés haben oft Noten von Erdbeeren.

„Weiße Früchte" bei Weißweinen, „rote Beeren" bei Rotweinen – das stimmt fast immer. Klingt wie eine seriöse Weinansprache, auch wenn Sie sich nicht so sicher sind. Siehe auch Kapitel 1.

Versuchen Sie ein Gefühl dafür zu bekommen, ob ein Wein kräftig oder eher leicht ist. Die Angabe des Alkoholgehalts in Volumenprozent ist auf jedem Etikett Pflicht und eine gute Hilfe.

Weine nach Punkten bewerten

In der Schule gab und gibt es folgende Bewertungen:

Sehr gut: eine Leistung, die den Anforderungen in besonderem Maße entspricht.
Gut: eine Leistung, die den Anforderungen voll entspricht
Befriedigend: eine Leistung, die im Allgemeinen den Anforderungen entspricht.
Ausreichend: eine Leistung, die zwar Mängel aufweist, aber im Ganzen den Anforderungen noch entspricht.
Mangelhaft: eine Leistung, die den Anforderungen nicht entspricht, jedoch erkennen lässt, dass die notwendigen Grundkenntnisse vorhanden sind und die Mängel in absehbarer Zeit behoben werden könnten.
Ungenügend: eine Leistung, die den Anforderungen nicht

entspricht und bei der selbst die Grundkenntnisse so lückenhaft sind, dass die Mängel in absehbarer Zeit nicht behoben werden können.

Auf den Wein lässt sich diese Skala einigermaßen übertragen, wobei ein schlechter Wein ein schlechter Wein bleibt, auch in absehbarer Zeit. Was heißt bei einem Wein, den Anforderungen zu entsprechen? Tipp: Kaufen Sie sich eine Flasche im nächsten Supermarkt oder Discounter, und zwar im Preisbereich um 2,49 Euro. Wenn Sie das Gefühl haben: „Na ja, den kann man noch trinken, aber ich würde ihn wohl nicht noch einmal kaufen", haben Sie einen durchschnittlichen Wein, der Ihre Anforderungen „im Allgemeinen" erfüllt.

Die Weinbewertung funktioniert nach einem ähnlichen Systemen wie die Schulnoten. Bei der Qualitätsweinprüfung ist in Deutschland ein 5-Punkte-Schema üblich: 5 Punkte bedeuten die beste Note. International gilt das 100-Punkte-Schema (aus dem amerikanischen Schulsystem), in Europa wird auch das 20-Punkte-System verwendet.

Diese Punkte werden auch definiert. Dabei fällt auf: Oberhalb der Ebene der guten Weine ist noch viel Luft! Eigentlich spielt sich Weinbewertung nur ab dem Niveau des „technischen Standards und Durchschnitts" ab.

Im Weinführer von Gault Millau wird so definiert:
(wobei der Bereich unter 75 Punkten ignoriert wird)

75–79: herkömmliche Qualität für den Alltagskonsum.
80–84: gute Qualität, deutlich über dem Durchschnitt. In dieser Kategorie ist manches Schnäppchen zu machen.
85–89: sehr gute, harmonische Weine, die in der Regel fein altern. Hier findet sich oft das beste Preis-Leistungs Verhältnis.
90–94: Weine exzellenter Qualität, die über ein beachtliches Reifungspotenzial verfügen. Sie sind selten billig zu haben.
95–99: überragende Weine aus großen Jahrgängen mit enormem Entwicklungspotenzial. Solche raren Gewächse haben ihren Preis.
100: ein perfekter Wein, der fast jeden Preis rechtfertigt.

Zum Vergleich die Skala des Weinkritikers Robert Parker:
(unsere Übersetzung)

50–59: ein Wein, der nicht annehmbar ist.
60–69: unterdurchschnittlicher Wein mit spürbaren Mängeln wie zu starker Säure und/oder Tannin, Fehlen von Geschmack oder unsauberen Noten in Aromen und Geschmack.
70–79: Durchschnittswein ohne besondere positive Eigenschaften, außer dass er technisch ordentlich gemacht ist; im Prinzip ein einfacher, unauffälliger Wein.

80–89: knapp überdurchschnittlicher bis sehr guter Wein mit Finesse, Geschmack und Charakter. Ohne erkennbare Mängel.
90–95: herausragender Wein von besonderer Komplexität und Charakter. Kurz gesagt: ein Klassewein.
96–100: außergewöhnlicher Wein mit Tiefe, Komplexität und Charakter, der alle Eigenschaften aufweist, die man von einem klassischen Vertreter seiner Sorte erwartet. Weine dieser Gattung sind fast jede Mühe wert, um sie zu finden, zu kaufen und zu genießen.

Wer sich an die Schulzeit erinnert, weiß noch: Die Bestnote („Eins plus") gab es schon aus Streuungsgründen selten. 100 Punkte sind der Ritterschlag für einen Winzer. Es gibt spezielle Weinproben, auf denen nur 100-Punkte-Weine (die von dem amerikanischen Kritiker Robert Parker mit Höchstnote bewertet wurden) verkostet werden. Da ist „fast jeder Preis" gerechtfertigt und wird von Freaks auch bezahlt. Für Leute, die nach Punkten kaufen, ist nur der Bereich über 90 interessant. So haben auch Bordeaux-Weinfonds, die von Banken angeboten wurden, strikt nach Parkers Punkten eingekauft.

Ob ein Wein „sehr gut" oder „exzellent" ist, erscheint dem Laien ziemlich unklar. Und „überragend"? Andere Kritiker, darunter der englische Autor Hugh Johnson, halten von Punkten nichts und schlagen eine andere Art der Wertung vor (in der Art „besser als Sex"). Sie könnten sich fragen,

96
100
4
5
3
4
2
3
1
2
vollendete
50-59

ob Sie den betreffenden Wein in einem Restaurant trinken (guter Wein und besser), guten Freunden vorsetzen (sehr guter Wein) oder für ganz besondere Gelegenheiten mit dem/der Liebsten reservieren würden (überdurchschnittlich). Klar ist, dass die Spielräume in den Kategorien die bei einer subjektiven Beurteilung nötige Unschärfe zulassen. Ob Sie den Unterschied zwischen 91 und 92 Punkten „schmecken“ (und dann noch in Worte fassen) können, ist die Frage. Fachleute, die seit Jahren Weine „bepunkten“, machen das aus dem Bauch heraus. In Jurygruppen ist es durchaus üblich, dass Juroren mit ihren Punkten weit auseinanderliegen. Der eine bietet 85 Punkte, der andere 75. Nehmen Sie sich am besten gar nicht erst vor, „völlig objektiv“ zu benoten. Betrachten Sie die Punkte als Ihr persönliches Schubladensystem, das Ihnen bei der Einordnung hilft.

Ohne eine Beschreibung ist die Punkte-Vergabe kaum aussagekräftig. Wenn Sie Weine beschreiben, können Sie das Notensystem mit seinen Kategorien heranziehen. Einen gut gemachten, aber nicht weiter aufsehenerregenden Wein sollten Sie deshalb nicht mit allzu enthusiastischen Vokabeln garnieren: „unglaubliche Frische, sagenhafte Fruchtigkeit, allerfeinstes Spiel mit der Süße, grandiose Tiefe, ewiger Nachhall“ – solche Superlative, wie sie Weinschreiber gerne verwenden, klingen bei einem einfachen Liter-Riesling unglaubwürdig. Auch bei der Weinbeschreibung gilt: Auf die Dosis kommt es an!

Auch bei Ihren Mitmenschen gibt es Abstufungen: von der großen Liebe Ihres Lebens bis zu Nachbarn, die Sie völlig gleichgültig lassen, ist alles darunter und wird von Ihnen sprachlich zutreffend eingeschätzt. Überlegen Sie, was bei einem Wein die Entsprechung zu „Och, die ist ja eigentlich ganz nett“ wäre!

Heben Sie sich manche Ausdrücke für besondere Weine auf:

wirklich groß
grandios
herausragend
überirdisch
fantastisch
super
perfekt
nicht besser zu machen
vorbildlich
wie aus dem Bilderbuch
Lehrbeispiel
zum Niederknien
„Schade, dass man Wein nicht streicheln kann“
(Kurt Tucholsky)

Weinautoren, die häufig Weine beschreiben, sind in der Zwickmühle. Stellen Sie sich vor, Sie müssten 40 Rieslinge aus einem Anbaugebiet beschreiben. Alle ähneln sich, und doch gibt es Unterschiede in Nuancen. Um Ihre Leser nicht zu langweilen, müssen Sie sich etwas einfallen lassen. Da sind neben Ihrem Urteilsvermögen auch Ihre sprachlichen Fähigkeiten und Ihre Fantasie gefragt.

Tipp

Vergleichen Sie einen Wein mit dem Vorgänger: „Der hier hat mehr Zitrusaromen und mehr Säure, ist aber nicht ganz so süß.“ Schon haben Sie eine Bewertung formuliert!

Bei der Verkostung und im Gespräch mit dem Winzer werden Sie das Gleiche feststellen. Sie suchen bei gleichartigen Weinen nach Worten, alleine der Abwechslung wegen!

Nutzen Sie Adjektive und Adverbien

guter Wein.	sehr guter Wein . . .	herausragender Wein
fruchtig	schön fruchtig	intensiv fruchtig
gute Säure	lebendige Säure . . .	tolles Säurespiel
gute Länge.	große Länge.	ewiger Nachhall

Tipps

Sie müssen nicht vor jedem Wein in die Knie sinken! Bleiben Sie auf dem Teppich. Sie müssen auch nicht für jeden Alltagstropfen die Musen bemühen.

Jeder Wein, außer wenn er fehlerhaft ist, hat sein Gutes. Seien Sie nicht zu streng.

Lassen Sie Raum für andere Bewertungen. Ihr Geschmack ist nur Ihr Geschmack.

BESTER
1. Preis
Premium
Wei

IV.

Wegweiser zum Winzer

„Gott schuf nur das Wasser,
aber der Mensch schuf den Wein.“

Victor Hugo

Der Weg zum Winzer

Es gibt allein in Deutschland 24.641 (Stand: 2007; Quelle: Statistisches Bundesamt) Betriebe, die Qualitätsweinbau betreiben. 9.664 haben Rebflächen von 0,3 bis 1 Hektar. Es handelt sich also um Nebenerwerbswinzer, die ihre Trauben beispielsweise an eine Genossenschaftskellerei liefern. Trotzdem: Es existieren immer noch mehr selbst vermarktende Betriebe, als Sie im Laufe Ihres Lebens besuchen können.

Wie finden Sie am schnellsten zu dem Winzer, dessen Stammkunde Sie werden? Adressenlisten, die Sie bei den Verbänden oder im Internet suchen können, nutzen Ihnen nur begrenzt. Besser sind Empfehlungen, denen Sie nachgehen können.

Weinkundige Freunde und Bekannte sind eine gute Quelle. Haben Sie oder ein Bekannter einen guten Wein im Restaurant probiert? Merken Sie sich den Namen des Erzeugers!

Weinkarte im Restaurant

Leider sehr oft stiefmütterlich behandelt, bietet sie nur in Glücksfällen die nötigen Informationen wie den Namen des Erzeugers oder den Ort, wo das Weingut liegt. Ob ein Wein wirklich gut ist, finden Sie nur durch Probieren heraus. Das kann eine kostspielige Methode sein.

Bücher und Weinführer

Reiseführer, speziell die für Gourmets, enthalten bisweilen Hinweise auf gute Erzeuger in den jeweiligen Regionen. Eine gute Referenz sind auch die jährlich erscheinenden Weinführer, in denen die Erzeuger kurz beschrieben und vor allem bewertet werden. Meist sind auch einige Weine mit einer Benotung empfohlen. Nachteil: Die wirklich guten Weine sind allermeist vergriffen, wenn der Guide erscheint. Für Weinliebhaber sind solche Weinführer dennoch unverzichtbare Nachschlagewerke, weniger eine Einkaufshilfe. Für deutsche Weine gibt es den Gault Millau Wein-Guide sowie den „Eichelmann“. Französische Weine stehen beispielsweise im Guide Hachette, der auch in deutscher Sprache erscheint. Italiens Weinführer heißen Veronelli oder Gambero Rosso, für Spanien gibt es den Peñin. Österreich-Freunde sehen im Falstaff-Weinguide nach.

Südafrika hat den „Platter". (Diese Aufzählung stellt nur eine Auswahl dar!) Anzumerken ist, dass alle Weinführer ihre Freunde und Feinde haben. Der bekannte „Kleine Johnson" ist eher ein Wein-Nachschlagewerk und führt nur wenige Erzeuger auf.

Zeitschriften und Zeitungen

Weinrubriken sind in Mode und existieren in Publikumsmagazinen und Tageszeitungen (Wochenendausgaben). Probieren Sie diese Empfehlungen ruhig einmal aus. Die Nachfrage ist wegen der hohen Leserzahl enorm. Gute Weine von kleineren Erzeugern sind schnell vergriffen.

Weinmagazine

Haben gegenüber den Weinführern den Vorteil größerer Aktualität. Sie erhalten meist einen guten Überblick über ein Thema, zum Beispiel Rebsorten oder Anbaugebiete. Vor allem lernen Sie hier am schnellsten, wie Profis über Weine und Winzer reden. Aktuelle Beiträge sind immer ein guter Gesprächsanknüpfungspunkt. Eine gute Weinzeitschrift bietet jedem Weinfreund interessante Themen, vom Einsteiger bis zum alten Hasen.

Newsletter und Internetforen

Hier sind vornehmlich Weinfreaks unter sich. Ein Newsletter enthält fast nur Weinbewertungen und meist sehr kurze Darstellungen von Erzeugern, Regionen oder Jahrgängen.

Typisch sind themenbezogene Gruppenverkostungen wie „Brunello Jahrgang 2006“ oder „Spätburgunder Baden“. Sie finden darunter nach Erzeugern und gegebenenfalls Appellationen sortierte Weinbewertungen. Einer der bekanntesten Newsletter ist der amerikanische Wine Advocate von Robert Parker, einem gelernten Juristen.

Weinbewertungen

Fachleute beschreiben Weine in einer besonderen Sprache. Meistens benoten sie die Weine auch. Die Systeme sind oben erläutert. Über den Wert dieser Noten streiten Fachleute und Weinliebhaber gerne. Ähnlich wie in der Schule wird man eine 100-prozentige Objektivität nicht vermuten können – dazu ist Geschmack eine zu persönliche Angelegenheit. So wie ein Schulaufsatz von zwei Lehrern unterschiedlich benotet werden kann, liegen meistens auch Weinbewerter mit ihren Noten auseinander. Das ist völlig normal. Dennoch kann man bestimmte Schlüsseleigenschaften eines Weines mit einiger Erfahrung durchaus nachvollziehbar einschätzen. Bewerten heißt letztlich vergleichen. Es versteht sich, dass man nicht Äpfel mit Birnen vergleichen kann. Weinproben, bei denen bewertet wird, werden deshalb so aufgebaut, dass gleichartige Weine nebeneinander verkostet werden.

Für Sie haben Noten einen gewissen Wert: Weine oder Erzeuger, die in Verkostungen hoch bewertet wurden, lassen auf eine überdurchschnittliche Qualität schließen. Würden

Robert Parkers 95-Punkte-Weine nicht den meisten Weinliebhabern sehr gut schmecken, hätten seine Bewertungen nicht so großen Erfolg.

Medaillen

Es gibt viele Wettbewerbe für Weine. In Deutschland vergibt jedes Jahr die Deutsche Landwirtschafts-Gesellschaft (DLG) bei der Bundesweinprämierung Auszeichnungen an hervorragende Weine und Weingüter. Die Ergebnisse werden in einer Broschüre veröffentlicht. Die prämierten Weine dürfen eine Medaille auf der Flasche tragen. Ähnlich ist es beim Großen Internationalen Weinpreis MUNDUSvini, einem der großen internationalen Wettbewerbe. Im Unterschied zur Bundesweinprämierung müssen bei dieser Art von Weinprämierungen auch Juroren aus anderen Ländern in den Verkostungskommissionen sitzen. Es nehmen aber auch Weine aus aller Welt teil, nicht nur deutsche. Es gibt zahlreiche ähnliche Wettbewerbe: den Concours Mondial de Bruxelles, die Vinalies (Paris). Auch in deutschen Anbaugebieten existieren eigene Prämierungen wie in Franken (Fränkische Weinprämierung) oder die Landesweinprämierungen in verschiedenen Anbaugebieten. Die Industrie- und Handelskammer Koblenz vergibt unter Weinen aus den Anbaugebieten Ahr, Mittelrhein, Nahe und Terrassenmosel die Auszeichnung „Kammerwein des Jahres“.
Die Auszeichnungen werden an den Flaschen angebracht. Dieser Vermarktungsvorteil kostet den Winzer Geld, sodass

sich die Teilnahme nur bei Weinen lohnt, die in größeren Mengen bereitstehen. Die Medaillen gelten nämlich nur für die jeweilige Füllung und sind nicht auf andere Jahrgänge übertragbar.

Messen

Wenn Sie Glück haben, wird in Ihrer Nähe eine Wein- oder Gourmetmesse veranstaltet. Gehen Sie mal hin! Denn wann sonst kommen so viele Winzer auf einmal zusammen! Flanieren Sie zwischen den Messeständen und probieren Sie. Wie Sie mit dem Winzer ins Gespräch kommen, erfahren Sie ja hier! Tipp: Fragen Sie nicht: „Was haben Sie denn so da?“ Fragen Sie lieber: „Haben Sie einen trockenen Weißwein/einen einfachen, aber guten Rotwein für jeden Tag/einen typischen Wein aus Ihrem Weinberg?“ Vorteil: Die moralische Verpflichtung zum Kauf ist nicht so stark vorhanden wie beim Besuch im Weingut. Sagen Ihnen die Weine nicht zu, bedanken Sie sich und nehmen eine Preisliste mit. Die Aussteller wissen, dass viele Bestellungen erst nach der Messe eingehen – das „Nachmessegeschäft“.

Händler

Fachhändler beraten Sie gerne. Sie haben die Weine aus guten Gründen in ihr Sortiment aufgenommen und kennen jeden einzelnen von ihnen (oder sollten dies zumindest). Die Erzeuger sind dem Händler persönlich bekannt. Sie müssen nur aufpassen, dass die Begeisterung des Händlers nicht Ihr einziger Kaufgrund ist. Es soll auch schon Notkäufe gegeben haben: damit der Weinhändler endlich die Klappe hält und man wieder aus seinem Laden herauskommt. Wenn Sie ein Weingeschäft betreten, sollten Sie eine gewisse Vorstellung davon haben, was Sie suchen. Der Preis ist eine gute Orientierung: „Ich suche einen Wein um 10 Euro." Sehr nützlich ist auch der Anlass: „Ich suche ein Geschenk" oder: „Ich suche einen Wein für heute Abend, da habe ich Gäste zum Sushi eingeladen." Überlassen Sie es dem Händler, Ihnen einen Wein zu empfehlen. Das ist seine Aufgabe.

Auf gut Glück

Wenn Sie in einem Weinbaugebiet unterwegs sind, kommen Sie an vielen Weingütern vorbei. Viele haben Schilder, die auf Probiermöglichkeit und Verkauf hinweisen. Wenn Ihnen das Weingut gefällt, gehen Sie ruhig einmal hinein. Vielleicht machen Sie eine Entdeckung. Es kann freilich auch sein, dass Sie nichts finden, was Ihnen besonders zusagt. Wenn Sie schon verkosten, fühlen Sie sich leicht dem Erwartungsdruck ausgesetzt, etwas kaufen zu müssen. Sie sind dazu grundsätzlich nicht verpflichtet. Aber höflich wäre es doch – der Winzer hat Ihnen schließlich seine Zeit geopfert. Und Sie haben Zeit verloren.

Mit den Augen kaufen

Die unsicherste Methode – denn Sie probieren den Wein nicht vorher. In allen Discountern und Supermärkten ist dies die einzig mögliche Methode. Sie können (in der Regel) niemanden fragen. Also nehmen Sie einen Wein, dessen Etikett Ihnen gefällt. Oder Sie wählen eine Herkunft, die Sie kennen. Im Lebensmittelhandel stehen meistens Weine aus gängigen Regionen oder Sorten wie Bordeaux, Chianti, Rheinhessen, Cabernet Sauvignon, Merlot oder Prosecco. Das sind die sogenannten Schnelldreher – sie verkaufen sich schnell und gut.

Zu diesem Kaufverfahren muss man auch die Bestellung im Internet zählen, sofern Sie den Wein nicht schon kennen. Die Weinbeschreibungen in Internetshops lassen leider häufig zu wünschen übrig. Im besten Falle schreiben die Anbieter ihren eigenen Verkostungseindruck auf. Meistens jedoch werden einfach die „Expertisen" der Erzeuger abgeschrieben. Das nutzt Ihnen wenig.

Typologie der Erzeuger

Was stellen Sie sich unter einem Winzer vor? Im Grunde ist ein Winzer ein Landwirt. Statt Weizen oder Kartoffeln baut er Trauben an. Früher gab es oft Mischbetriebe, also Landwirte, die auch etwas Wein anbauten. Oft war der nur für den Eigenbedarf bestimmt. Oder die Trauben wurden verkauft. Bevor die Technik und die Anbaumethoden so ausgefeilt waren wie heute, war der Weinbau ein riskantes Geschäft. Georg Forster, der Revolutionär und Weltumsegler, schrieb 1790 in seinen „Ansichten vom Niederrhein“: „Armut zum Beispiel ist unzertrennlich von dem Landvolke, das den Weinstock zu seiner einzigen Stütze wählte.“ Und weiter: „Sechs Jahre behilft er [der Weinbauer] sich kümmerlich oder antizipiert den Kaufpreis der endlich zu erhoffenden glücklichen Weinlese, die gewöhnlich doch alle sieben oder acht Jahre einmal zu geraten pflegt; und ist der Wein endlich trinkbar und in Menge vorhanden, so schwelgt er eine Zeitlang von dem Gewinne, der ihm nach Abzug der erhaltenen Vorschüsse übrig bleibt, und ist im folgenden Jahr ein Bettler wie vorher.“

Der Traubenerzeuger

Noch heute gibt es viele Traubenanbauer, die eine kleine Rebfläche (meist unter einem Hektar) bewirtschaften. In der Regel geschieht dies im Nebenerwerb. Da sich ein eigener Weinkeller nicht rentieren würde, verkaufen diese Erzeuger ihre Trauben beispielsweise an eine Genossenschaft oder Kellerei. Es sind Mitgliedswinzer einer Genossenschaft oder Vertragserzeuger. In Deutschland sind Württemberg und Baden für diese Struktur typische Anbaugebiete. In der Champagne werden die Champagnerkellereien von vielen Traubenerzeugern beliefert; die Traubenpreise werden von Jahr zu Jahr festgelegt. Heute arbeiten viele Erzeuger nach Qualitätsrichtlinien, die ihre Vertragspartner vorgeben und kontrollieren. Die Bezahlung erfolgt im qualitätsorientierten Weinbau nach Qualität, nicht nach Menge der Ware.

Der Fassweinerzeuger

Kellereien, in anderen Ländern die Handelshäuser (Négociants) kaufen nicht unbedingt nur Trauben, sondern fertigen Wein. Der ist allerdings nicht in Flaschen abgefüllt, sondern wird lose (französisch: en vrac) verkauft. Der Preis wird vom Markt festgelegt. Je nach Anbaugebiet, Sorte und Nachfrage bekommt ein Fassweinproduzent 30 bis 90, manchmal auch fast 2 Euro pro Hektoliter. Fassweinproduzenten vermarkten ihre Weine nicht unter ihrem eigenen Namen, stellen aber im eigenen Keller Wein her. Manchmal geht auch beides. In Bordeaux ist es durchaus üblich, dass ein Château einen Teil des Weins selbst abfüllt und vermarktet, andere Partien dagegen an den „Négoce" verkauft.

Der Selbstvermarkter

Hier handelt es sich um das klassische Weingut, wie es sich die meisten Weinfreunde vorstellen. In der Regel sind es Familienbetriebe, die oft seit Generationen bestehen. Als das älteste in Familienbesitz befindliche Weingut Deutschlands gilt Schloss Vollrads im Rheingau, das seit dem 14. Jahrhundert von dem Adelsgeschlecht von Greiffenclau geführt wurde. Seit dem Freitod des letzten Besitzers 1997 gehört das Weingut der Nassauischen Sparkasse. Man sieht daran: Nicht wenige Weingüter gehören heute zum Teil oder ganz Investoren. Denn im Gegensatz zu Georg Forsters Meinung war der Weinbau sehr oft gewinnbringend. Davon zeugen die herrschaftlichen, traditionsreichen Weingüter, die im Besitz reicher Familien sind. Viele Châteaux in Bordeaux tragen Familiennamen („Rothschild“).

Das Weingut als Teil eines Imperiums

Die Kirchen und Klöster besaßen seit dem Mittelalter bedeutende Rebflächen (darauf weisen noch heute Lagenbezeichnungen wie „Kirchenstück“ hin). Stiftungen und Hospize gelangten durch Schenkungen in Besitz großer Rebflächen und Weingüter. Viele bedeutende Weingüter gehören noch heute solchen Stiftungen. Es gibt in Deutschland auch Staatsweingüter. Die moderne Form des Weinimperiums ist der internationale Konzern, der Weingüter wie eine Marke kauft. Auch aus erfolgreichen Familienunternehmen kann eine ganze Gruppe von Weingütern werden, nicht selten mit internationalen „Ablegern“. Eine Familie alleine könnte die gewaltigen Investitionen kaum schultern, die ein großes Weingut erfordert. Die Weingüter werden von angestellten Geschäftsführern oder Gutsdirektoren geleitet. Für Sie als Besucher oder Kunde bedeutet dies, dass es mit großer Wahrscheinlichkeit einen Verkaufsraum mit geregelten Öffnungszeiten, eigenem Personal und professionell aufbereiteten Weinexpertisen, Imagebroschüren oder gar Filmen für Besucher gibt. Über vinologische Details lässt sich dagegen weniger gut plaudern. Der Önologe oder Kellermeister steht meistens nicht für Besucher zur Verfügung.

Die Genossenschaft

Im weinrechtlichen Sinne handelt es sich bei einer Genossenschaftskellerei um einen Erzeugerbetrieb. Historisch sind Genossenschaften Zusammenschlüsse von Winzern eines Ortes, die gemeinsam einen Keller betreiben. Ihre Rebflächen bilden den Flächenbesitz der Genossenschaft. Heute sind Winzergenossenschaften oft aus Zusammenlegungen kleinerer Kooperativen entstanden. Sie beliefern unterschiedliche Vertriebskanäle wie Fachhändler, Supermärkte und die (lokale) Gastronomie, haben aber auch fast immer einen Verkaufsraum für den Direktverkauf an Privatkunden. In Deutschland zählen einige Genossenschaften zu den besten Erzeugern. Sie haben eigene Önologen und Weinbergsmanager, die die Mitglieder in Sachen Qualität beraten. Die Keller sind meistens sehr modern eingerichtet und können auf Wunsch besichtigt werden. Auch sehr preiswerte Weine sind im Angebot. In manchen Ländern lassen sich die Leute den Wein ihrer Kooperative an Ort und Stelle in mitgebrachte Plastikkanister abfüllen.

Der Négociant

In Deutschland spielen die Weinhandelshäuser nicht mehr die Rolle, die der Négoce in manchen Regionen Frankreichs hat. Eigentlich ist ein Handelshaus im Prinzip eine Kellerei. Das heißt, es werden Weine abgefüllt, die eingekauft wurden – entweder als fertige Fassweine oder als Trauben, die selbst vinifiziert werden. Im Unterschied zur Kellerei bieten die Négociants die von ihnen ausgebauten und abgefüllten Weine unter dem eigenen Namen an. Dieser ist so etwas wie eine Marke. Nicht selten stammen die Weine aus unterschiedlichen Anbaugebieten. Burgundische Handelshäuser bieten vom Chablis bis zum Grand Cru eine große Palette wichtiger Appellationen an. Oft besitzen die Familien auch eigene Weingüter. Viele Handelshäuser sind aus Weingütern hervorgegangen. In Bordeaux kaufen die Négociants die Weine der einzelnen Châteaux und verkaufen sie in Kontingenten an ihre Kunden. Dort ist der Négociant eine Art Zwischenhändler.

Die Kellerei

Kellereien sind Abfüllbetriebe. Sie verfügen über alle Einrichtungen zum Lagern und Abfüllen von Weinen, darin werden große Mengen verarbeitet. Kellereien beliefern den Lebensmittelhandel mit Markenweinen oder Eigenmarken. Auf dem Etikett tritt die Kellerei selten in Erscheinung. Die Angabe des Abfüllers ist auf jedem Weinetikett Pflicht. Doch genügt es, wenn ein anonymer Code angegeben wird, der aus dem Kennbuchstaben des Bundeslandes (RP = Rheinland-Pfalz) sowie einer Zahl besteht. Kellereien haben meistens keinen Direktverkauf. Sekt- und Champagnerkellereien sind eine Ausnahme.

V.

Ran an die Weine

In diesem Kapitel finden Sie Wissenswertes
über häufige Weine, geordnet nach Farben und Sorten.
„Munition“ für Ihr Gespräch mit dem Winzer!

Weisswein-Wissen

Ein paar Kenntnisse sind nützlich, wenn Sie Weißweine verkosten und kaufen. Grob unterscheiden kann man drei Stilrichtungen. Versuchen Sie beim Verkosten, den Wein einer dieser Gruppen zuzuordnen.

Leicht und frisch

Der typische sommerliche Wein, knackig und säurebetont. Er wird meistens schon im Jahr nach der Ernte getrunken. Die Rebsorten sind unterschiedlich. Manchmal werden diese Weine als „Sommerwein" oder „Spargelwein" vermarktet. Auch die Primeurweine gehören in diese Kategorie. Typische Anlässe: Terrasse, Nachmittag, Plauderrunde, Abendbrot, Bistro, Salate, Picknick, Party, Vorspeisen, Aperitif …

Mittelschwer bis kraftvoll

Die Säure ist weniger ausgeprägt, dafür wirkt der Wein rund und voll. Manche werden im Barrique ausgebaut; ein klassisches Beispiel ist die Chardonnay Reserve aus der Neuen Welt oder der üppig-schmelzige Ruländer-Typ vom Kaiserstuhl (aus der Sorte Grauburgunder). Solche Weine sind als Solisten zu schwer, als Speisebegleiter exzellent. Zu Geflügel, Kalbfleisch, Fisch, Gemüse (auch vom Grill), Käse, Käsefondue und Raclette, Überbackenem, Pilzgerichten …

Aromatisch bis süss

Bestimmte Rebsorten zeichnen sich durch intensiv aromatischen Duft aus (sie heißen deshalb auch Bukettsorten): Gewürztraminer, Muskateller, Morio-Muskat und andere. Trocken ausgebaut, sind es anregende Aperitifweine. Man kann sie auch zu Käse oder asiatischen Speisen servieren. Süße und edelsüße Weine – auch aus anderen Rebsorten – sind Spezialitäten, die wegen ihres sehr hohen Zuckergehalts am besten zu Desserts und Süßspeisen passen.

Die Übergänge zwischen den Gruppen sind fließend. Und es ist freilich Geschmackssache, wie Sie einen Wein einsetzen.

10 wichtige weisse Rebsorten und was Sie darüber wissen sollten

Riesling

„König der Weißweinsorten" (weil er sehr genau auf sein Terroir reagiert und empfindlich ist). • Deutschland ist die größte Rieslingnation der Welt (21.722 Hektar, Stand: 2007; das größte Riesling-Anbaugebiet in Deutschland ist die Pfalz, die die Mosel überholt hat). • **Typische Vokabeln:** Pfirsich, Apfel, Grapefruit, Zitrusnoten, Aprikose; Mineralität; Kräuter, Würze; Säure, Spiel (Süße-Säure), duftig, saftig, filigran, mineralisch, elegant, edel; Reife: gelbe Früchte, Petrolton, Bienenwachs; Botrytis-Typ: Nektar, honigsüß, üppig, Marillenkonfitüre. • **Herkünfte:** Deutschland, Österreich, Elsass, Luxemburg, neuerdings auch Australien, Neuseeland.

Müller-Thurgau (Rivaner)

Verdankt seinen Namen dem Rebzüchter Hermann Müller, der aus dem Thurgau stammte und die Sorte in Geisenheim kreuzte (seit 1913 nach ihm benannt). • In der Schweiz auch als Riesling x Sylvaner bekannt. • Wird auch gerne „Rivaner" benannt, besonders wenn der Wein für ein junges Publikum gedacht ist. • Allerdings ist die Sorte nicht aus Riesling und Silvaner gekreuzt, auch nicht aus Riesling und Gutedel. Durch Gen-Analysen weiß man heute, dass die wahren Eltern der Riesling und eine Sorte namens Madeleine Royale sind. • Ist besser als sein Ruf („Massenwein"). Niedrige Erträge = ausdrucksvoller Müller-Thurgau. • **Typische Vokabeln:** Apfel, Blüten, Muskatnote; duftig, süffig, mild, unkompliziert, harmonisch. • **Herkünfte:** Deutschland, Schweiz, Luxemburg (Rivaner), Norditalien (Trentino).

Chardonnay

Meistverbreitete Weißwein-Qualitätssorte der Welt, anpassungsfähig, zählt als „internationale Sorte". • Ausbau mit und ohne Barrique möglich; guter Schaumweingrundwein (ein „Blanc de Blancs"-Champagner ist ein sortenreiner Chardonnay). • ABC = Anything But Chardonnay (alles außer Chardonnay); bezeichnet die Haltung des vom „internationalen Chardonnay" übersättigten Weinliebhabers. • Kann vom Spitzenwein à la Meursault bis zum einfachen Picknick-Vin-de-Pays alle Register ziehen. • Gilt oft als Mitglied der Pinot-Familie, ist aber keines. • **Typische Vokabeln:** Apfel, Zitrusfrüchte, Banane, Birne, Melone; Mineralität; Röstaromen, Vanille (bei Barrique-Ausbau); Würze, Saft. • **Herkünfte:** Burgund mit Chablis, Champagne, Steiermark/Österreich (dort auch Morillon genannt), Deutschland, Kalifornien, Australien, Chile, Argentinien, Neuseeland, Südafrika.

Grauburgunder/Grauer Burgunder

In Italien als Pinot Grigio und in Frankreich als Pinot Gris bekannt; eine Mutation des Spätburgunders mit rötlicher

Schale. • Wird als frischer, saftiger Wein oder als schwerer, auch im Barrique ausgebauter Tropfen erzeugt (mit Restsüße „Ruländer" genannt, nach dem Speyerer Kaufmann Ruland, der die Rebe 1711 in seinem Garten fand). • Wegen der rötlichen Schale manchmal rötlich schimmernde Weine. In manchen Regionen Frankreichs sowie in Luxemburg („Pinot Gris de Gris") wird daraus sogar ein roséfarbener Wein gekeltert. • **Typische Vokabeln:** Birne, Melone, Apfel, Nüsse, Mandeln, Butter; schmelzig, füllig, saftig, frisch, milde Säure. • **Herkünfte:** Deutschland, Frankreich (Elsass), Norditalien (Veneto, Friaul), Luxemburg, Ungarn, Kalifornien.

Weissburgunder/Weisser Burgunder

Verwandter des Grauburgunders, nicht zu verwechseln mit weißen Weinen aus Burgund (die meist aus Chardonnay gekeltert werden). • Wie alle Pinot-Weine hervorragender Speisebegleiter, auch guter Sektgrundwein. • **Typische Vokabeln:** Birne, Apfel, Gras, Heu, Blüten, Melone; erfrischend, grasig, milde Säure. • **Herkünfte:** Deutschland, Frankreich (Elsass), Norditalien, Luxemburg.

Sauvignon Blanc

Zählt als internationale Sorte, hat aber einige traditionell und modern klassische Herkünfte; ist auch in Deutschland heimisch geworden. • Der Reifezustand der Trauben bei der Ernte entscheidet über den Typus („grün"-frisch oder voluminös-rund). • Kann sehr intensiv duften; bekannt für sein „Stachelbeeraroma“ und (besonders in Frankreich) seine „Feuersteinnote“ (Pierre à fusil). • Nicht immer einfach mit Speisen zu kombinieren, Klassiker: Sancerre und Ziegenkäse. • **Typische Vokabeln:** Stachelbeere, exotische Früchte, Ananas, Mango, Zitrusfrüchte, Bohnen, Kohlrabi, Feuerstein, Katzenpipi; frisch, knackig, säurefrisch, mineralisch. • **Herkünfte:** Sancerre, Pouilly-Fumé, Touraine (alle Frankreich/Loire), Bordeaux, Steiermark/Österreich, Rueda/Spanien, Norditalien, Pfalz und Rheinhessen/Deutschland, Neuseeland („Paradesorte“!), Chile, Südafrika, Kalifornien, Australien.

Chenin Blanc

Verbreitete Rebsorte in Frankreich und Übersee, bringt sehr ausgeprägte Terroir-Weine hervor. • Gute Eignung für Botrytis-Süßweine und Schaumweine (Crémant). • **Typische Vokabeln:** Mirabelle, Apfel; erdig, mineralisch. • **Herkünfte:** Frankreich (Loire), Südafrika („Steen“), Australien.

Silvaner

Sehr alte Sorte, wurde 1659 in Castell (Franken) gepflanzt. • Ursprung: Alpenraum (nicht, wie vielfach angenommen, Transsylvanien oder Siebenbürgen); Kreuzung aus Traminer und Österreichisch-Weiß. • Typisch für Franken, auch Rheinhessen, die Pfalz und das Elsass (dort und in der Schweiz Sylvaner). Erbringt in Franken „Große Gewächse“, im Elsass aber nicht als Grand Cru zugelassen. • Klassische

Sorte zu Spargel und Fisch. • **Typische Vokabeln:** Blüten, Kräuter, grüner Apfel, Kiwi, Heu, Artischocke; erdig, saftig. • **Herkünfte:** Deutschland, Elsass/Frankreich, Schweiz.

Gewürztraminer

Klassische Bukettsorte mit unverkennbarem Aroma. • Herkunft unklar (Tramin in Südtirol?), Anbau in Deutschland seit dem 16. Jahrhundert. • **Typische Vokabeln:** Rosenblüten, exotische Früchte, Litschi, Mango, Ananas, Zitrusfrüchte; gehaltvoll, üppig, intensiv, schmelzig. • Klassisch: Elsässer „Gewurztraminer" zu Munster-Käse; interessant zu asiatisch-exotischen Gewürzen. • **Herkünfte:** Südtirol, Deutschland, Elsass/Frankreich, Luxemburg.

Muskateller

Weit verbreitete, sehr alte Bukettsorte mit typischem Aroma (Muskatnote). • Zahlreiche Varianten: Muscat d'Alexandrie, Muscat à petits grains • Kann trocken ausgebaut werden, erbringt aber auch klassische Süßweine, darunter Muscat Beaumes de Venise (Frankreich), Samos und Muscat de Patras (Griechenland) sowie den berühmten Asti DOCG und Moscato d'Asti DOCG (natursüßer Schaum- bzw. Perlwein aus dem Piemont). • **Typische Vokabeln:** Muskatnote, exotische Früchte, Blüten, aromatisch, duftig. • **Herkünfte:** Deutschland, Elsass, Südfrankreich, Italien (Piemont u.a.), Griechenland, Ungarn, Steiermark/Österreich, Spanien, Portugal (Moscatel de Setúbal).

Tolle autochthone Weisse

Alvarinho: Portugals beste Vinhos Verdes; in Nordwest-Spanien die Sorte der Rías Baixas.

Auxerrois: edles Mitglied der Pinot-Familie mit ähnlichen Zügen wie Grauburgunder; in Luxemburg sehr verbreitet, auch in Deutschland (Baden, Pfalz ...).

Gutedel: in der Schweiz als Chasselas bekannt, in Deutschland nur im Markgräflerland angebaut; frisch und saftig.

Grüner Veltliner: die spritzige Weißweinsorte aus Österreich, wunderbar erfrischende Heurigenweine, kann aber auch Große Gewächse mit Lagerpotenzial hervorbringen.

Loureiro: Topsorte aus dem Minho in Nordportugal.

Scheurebe: eine Züchtung aus Deutschland (von Georg Scheu, 1916; Riesling mit einer unbekannten Wildrebe gekreuzt), die alles kann: als trockener Wein aromatisch und saftig-frisch (Sauvignon-Blanc-Rivale!), als Süßwein verführerisch. In Österreich „Sämling 88“ genannt.

Torrontès: argentinische weiße Spezialität, die aromatisch wie ein Traminer ist.

Verdejo/Verdelho: Spaniens und Portugals spannende Weißweinsorte, die im Charakter zwischen Sauvignon Blanc und Riesling liegt.

Bekannte weisse Weintypen

Chablis: Burgund. Sorte: Chardonnay
Entre-Deux-Mers: Bordeaux. Sorten: hauptsächlich Sauvignon Blanc, Sémillon und Muscadelle
Fendant: Wallis. Sorte: Gutedel (Chasselas)
Frascati: Latium. Sorten: hauptsächlich Malvasia Bianca, Trebbiano u.a.
Muscadet: Loire (Region um Nantes). Sorte: Melon de Bourgogne
Orvieto: Umbrien. Sorten: Trebbiano toscana, Verdello u.a.
Sancerre: Loire. Sorte: Sauvignon Blanc
Sauternes: Süßwein (Botrytis) aus dem Bordeaux-Gebiet. Sorten: Sémillon, Sauvignon Blanc, Muscadelle
Tokaji: Süßwein aus Ungarn. Sorten: Furmint, Lindenblättriger, Muskateller u.a.

Rotwein-Wissen

Leicht und fruchtig

In diese Kategorie gehören junge Weine wie die Primeurs (Beaujolais Primeur). Unter den deutschen Rebsorten erfüllen vor allem der württembergische Trollinger oder der Portugieser, bei den italienischen Weinen der Valpolicella die Anforderungen, die an einen solchen „Brot-und-Butter-Wein" gestellt werden: Unkompliziert sollen diese saftigen Tropfen sein, von angenehmer Fruchtigkeit und nicht zu alkoholschwer. Diese „Schlotzer"-Weine, die zur Vesper serviert werden, zur Jause oder zur Brotzeit oder einfach zum Feierabend sind schöne Alltagsbegleiter. Schlotzen nennen die Württemberger das genussvolle Trinken eines Weins. Meist sind die Weine dieser Gruppe im Stahltank ausgebaut.

Weich und rund

Das passt zu Rebsorten, die recht wenig Gerbstoffe (Tannine) mitbringen: zum Beispiel Merlot, Dornfelder, St. Laurent, Spätburgunder (Pinot Noir), der österreichische Zweigelt, der kalifornische Zinfandel oder der italienische Dolcetto und auch der Sangiovese. Der Spätburgunder prägt dabei seinen eigenen, den eleganten „Pinot"-Stil. Weiche Kirsch- oder Himbeeraromen mit sanfter Rauch- oder Zedernholznote sind typisch für solche schmeichelnden Weine. Diese gehen zur unkomplizierten Pasta-Pizza-Küche gut, passen aber auch zu anspruchsvolleren Gerichten wie Wildgeflügel in Morchelsoße. Klassisch für Pinot: Coq au vin, das im Rotwein geschmorte Huhn. Barrique-Ausbau ist bei den Topqualitäten dieser Gruppe – je nach Anbaugebiet – häufig.

Kräftig und gehaltvoll

Hierzu zählen die gerbstoffreichen, würzigen Vertreter wie zum Beispiel Cabernet Sauvignon, Malbec, Tannat, Nebbiolo oder Tempranillo. Ihre Aromenpalette reicht von dunklen Beeren und Pflaumen über Kräuter bis hin zu Kaffee und Tabak. Zu diesen Weinen passt dunkles, gebratenes, gegrilltes oder geschmortes Fleisch. Lammkoteletts mit Rosmarin, das Rumpsteak aus der Pfanne mit viel Zwiebeln, der klassische Sonntagsbraten oder auch ein nach allen Regeln der Kunst zubereitetes Gulasch. Fast immer sind diese Weine im Barrique ausgebaut.

10 wichtige rote Rebsorten und was Sie darüber wissen sollten

Spätburgunder oder Pinot Noir

Gilt als eine der edelsten Rotweinsorten (im Anbau sehr heikel). • Ist die Hauptrebsorte Burgunds (weiß jeder Kenner) und spielt auch beim Champagner eine wichtige Rolle (daran denkt nicht jeder!). • Wird in Deutschland vor allem in Baden und in der Pfalz angebaut. Die Spätburgunder von der Ahr genießen einen besonderen Ruf. • Verwandt sind: Samtrot, Frühburgunder, Schwarzriesling (Pinot Meunier). • Elegante Begleitung zu feinen Fleischgerichten (auch Wild). • **Typische Vokabeln:** kirschfruchtig, gehaltvoll, edel, elegant, Schwarzkirsche, Rauchnote, Leder, Kräuternote. • **Herkünfte:** Frankreich, Deutschland, Norditalien (hier heißt er Pinot Nero), Österreich (Blauburgunder), Neuseeland, Kalifornien, Oregon.

Cabernet Sauvignon

Ein wichtiger Bestandteil vieler Bordeaux-Weine vom „linken Ufer" der Gironde: Médoc. Trat von hier aus seinen Zug um die Welt an. • Reift spät, ist widerstandsfähig, mag es warm. • Ist sehr lagerungsfähig, da tanninreich (dicke Schalen und kleine Beeren). • Passt ausgezeichnet zu kräftigen Fleischgerichten (Lamm). • **Typische Vokabeln:** Cassis, Brombeere, Paprika; gehaltvoll, tanninstark, kräftig,

Zedernholz, Potenzial. • **Herkünfte:** Frankreich, Italien, Spanien, Kalifornien, Australien, Südafrika, Chile, Argentinien, auch Deutschland und Österreich.

Merlot

Wird sowohl sortenrein ausgebaut als auch als wichtiger Partner in Cuvées zur „Abrundung“ eingesetzt. Prägt die Bordeaux-Weine vom „rechten Ufer“ der Gironde: Pomerol und Saint-Emilion. • Ertragreich, reift früher als der Cabernet Sauvignon. • Samtig-fruchtig, relativ dezentes Tannin. • **Typische Vokabeln:** fruchtig, samtig, Pflaume, Brombeere; weich, mild, gehaltvoll, warm. • **Herkünfte:** Frankreich, Schweiz (Tessin), Kalifornien, Chile, Australien.

Tempranillo

Bedeutendste spanische Rotweinsorte. • Tempranillo heißt übersetzt „kleine Frühe“; die Beeren sind vergleichsweise klein und reifen früh. • Hauptbestandteil der Weine aus der Rioja. • **Typische Vokabeln:** rote Beeren, schwarze Beeren, würzig, Leder, Pfeffer, Vanille. • **Herkünfte:** Spanien, Portugal (hier heißt er Tinta Roriz).

Sangiovese

Eine der wichtigsten Rebsorten Italiens. • Hauptbestandteil u.a. des Chianti und des Vino Nobile di Montepulciano. Sortenrein wird er im Brunello di Montalcino eingesetzt. • Der Name bedeutet „Blut des Jupiter“ („Sanguis Giove“). • **Typi-**

sche Vokabeln: Sauerkirsche, Leder, Lakritz, zartbitter im Abgang, tanninreich, charaktervoll. • **Herkünfte:** Italien (Toskana, Emilia-Romagna, Umbrien), Argentinien, Kalifornien.

Nebbiolo

Stammt aus dem Piemont. • Eine extrem anspruchsvolle Sorte, erbringt nur auf perfekt geeigneten Lagen gute Weine. • Die Weine sind gerbstoffreich, reifen langsam, sind lange lagerfähig. • Bekannte Nebbiolo-Weine sind Barolo und Barbaresco. • **Typische Vokabeln:** Beeren, Schwarzkirschen, getrocknete Früchte, Tabak, Veilchen, Teer, Waldboden, Bitterschokolade; üppig, samtig, tanninreich, ausdrucksstark. • **Herkünfte:** Italien (Piemont, Lombardei).

Syrah (Shiraz)

Ursprünglich vor allem an der Rhône angebaut, ist die Sorte unter dem Namen Shiraz in der Neuen Welt, vor allem in Australien, der Star am Rotweinhimmel. • Ein hochklassiger, reinsortiger Shiraz ist der „Grange“, der Kultwein der australischen Kellerei Penfolds. • Syrah mag es heiß und trocken und ist nicht sehr ertragreich. • **Typische Vokabeln:** Johannisbeere, Schlehe, Bourbonvanille, Sandelholz, würzig, rassig, animierend, dicht. • **Herkünfte:** Frankreich (Rhône), Australien, Südafrika, Chile, Kalifornien, Argentinien.

Dornfelder

1955 von August Herold an der Staatlichen Lehr- und Versuchsanstalt für Wein- und Obstbau im baden-württembergischen Weinsberg aus den Rebsorten Helfensteiner und Herold gezüchtet. • früh reifend, ertragreich. • zunächst nur als „Deckwein“, also als Farbgeber in Cuvées eingesetzt. • Hat sortenrein ausgebaut bei „Kennern“ einen schlechten Ruf, gilt als zu eindimensional, kann bei sorgfältigem Ausbau aber gute Qualität erreichen. • **Typische Vokabeln:** Kirsche, schwarze Johannisbeere, rote Beeren; harmonisch, unkompliziert, säurearm, weich, saftig. • **Herkünfte:** Deutschland (Rheinhessen, Pfalz, Württemberg u.a.).

Portugieser

Alte südosteuropäische Sorte, weit verbreitet. • Gilt vor allem als leicht zu trinkender Alltagswein verbreitet, wird aber auch ertragsreduziert im Barrique zu hochwertigen Weinen ausgebaut, häufig auch als Rosé („Portugieser Weißherbst“). • Passt zu leichten Speisen. • **Typische Vokabeln:** rote Kirsche, rote Beeren; frisch, angenehm, süffig, vollmundig. • **Herkünfte:** Deutschland (Pfalz, Rheinhessen), Österreich (Thermenregion), Ungarn, Kroatien, Rumänien.

Lemberger (Blauer Limberger)

Klassische Rotweinsorte aus Württemberg. • Oft als saftiger Alltagsrotwein ausgebaut, kann aber auch mehr (Barrique). • In Österreich als Blaufränkisch bekannt. • Er begleitet je nach Machart alles von der Jause bis zum Braten. • **Typische Vokabeln:** Brombeere, Kirsche, Sauerkirsche,

Johannisbeere, Holunder, Paprika; saftig, würzig, rund, nachhaltig. • **Herkünfte:** Deutschland (Württemberg mit 10 Prozent Flächenanteil), Österreich (Burgenland), Ungarn.

Tolle autochthone Rote

Agiorgitiko: in Griechenland beheimatet, eine der (vermutlich) ältesten Rebsorten der Welt. Weich und aromatisch.

Barbera: Piemont. Neben den Sorten Nebbiolo und Dolcetto liefert sie markante, würzig-saftige Weine (**Herkünfte:** Alba und Asti).

Malbec: alte französische Sorte, die heute vor allem in Argentinien zu Hause ist. Sehr dunkle, fruchtig-würzige Weine.

Pinotage: in Stellenbosch im Jahr 1924 aus Spätburgunder und Cinsault gezüchtet und fast nur in Südafrika angebaut. Würzig, komplex, dabei zugänglich.

Touriga Nacional: Ausdrucksstarke, tanninreiche, würzige Portugiesin, vor allem an Douro, Dão u. im Alentejo angebaut.

Zweigelt: österreichische Züchtung von 1922 mit weicher Frucht (Sauerkirsch), aromatisch, gefällig. Meistangebaute rote Rebsorte in Österreich.

Bekannte rote Weintypen

Amarone: Italien/Valpolicella. Sorten: Corvina, Molinara, Rondinella. Haltbarer und kräftiger Rotwein vom Gardasee, der aus getrockneten Trauben gewonnen wird. Sozusagen ein Turbo-Valpolicella.

Beaujolais: Frankreich. Sorte: Gamay. Fruchtig-saftige, aber durchaus entwicklungsfähige Weine, klassisch als Bistrowein. Bekannt vom Beaujolais-Primeur (ab dem dritten Donnerstag im November).

Bordeaux: fast immer aus mehreren Rebsorten bestehend: Cabernet Sauvignon, Merlot, Cabernet Franc und einigen anderen (Petit Verdot, Malbec); Bordeaux ist der Oberbegriff für den Weintyp, aber auch eine der vielen Appellationen im Bordeaux-Gebiet.

Châteauneuf-du-Pape: Frankreich/Rhône. Sorten: Syrah, Grenache, Cinsault, Carignan u.a.; der bekannteste der sogenannten Crus aus dem südlichen Rhônetal.

Chianti: Toskana. Benannt nach den Chianti-Bergen. Hauptsorte: Sangiovese. Ursprünglich war Chianti ein heller, saftiger Rotwein, heute häufig kraftvoll und tanninstark. Die besten und teuersten sind die Weine der Chianti-Classico-Region („Riserva").

Dôle: Schweiz/Wallis. Hauptsorte: Pinot Noir. Eine Cuvée hauptsächlich aus Spätburgunder.

Valpolicella: Italien/Veneto. Sorten: Corvina, Molinara, Rondinella. Der saftige, weiche Rotwein vom Gardasee.

Vino Nobile di Montepulciano: Italien/Toskana. Sorte: Sangiovese. Stammt aus der Gegend um Montepulciano. Nicht verwechseln mit dem Montepulciano d'Abruzzo, einer Rebsorte mit gleichnamigem Wein aus den Abruzzen.

Rosé-Wissen

Rosés sind im Charakter einander sehr ähnlich. In Deutschland werden sie nicht nur trocken, sondern auch halbtrocken und lieblich angeboten. Geschmackssache! Restsüße Rosés gibt es auch anderswo, zum Beispiel im Anjou (Loire). Einer der erfolgreichsten restsüßen Roséweine der Welt ist der kalifornische White Zinfandel (Blush).

Rosé ist ein eigenständiger Wein, kein „Mischmasch aus Weiß und Rot". Er wird wie Weißwein serviert, also gekühlt bei 7 bis 9 Grad Celsius. In den vergangenen Jahren hat es einen regelrechten Boom gegeben, auch beim Champagner.

Typische Vokabeln

Kupferfarben, lachsfarben, zwiebelschalenfarben; Erdbeere, Himbeere, Zitrusfrüchte, Apfel; saftig, erfrischend, animierend, fruchtig, schmelzig, weinig, ausgewogen.

Blanc de Noirs

Entsteht, wenn Rotweintrauben gekeltert werden und der Most sofort von der Maische getrennt wird (weißkeltern). Manchmal bleibt ein leicht rötlicher Schimmer, aber in der Regel sieht ein Blanc de Noirs aus wie ein Weißwein.

Deutscher Weissherbst

Dieser Rosétyp ist immer sortenrein. Die Rebsorte ist auf

dem Etikett angegeben: Spätburgunder Weißherbst, Portugieser Weißherbst. Die übliche Herstellung wie bei Rosés. Rotweintrauben bleiben einige Stunden mit der Maische in Kontakt, sodass der Most etwas Farbe annimmt.

Rotling

Dieser roséfarbene Wein wird aus weißen und roten Trauben hergestellt, die gemeinsam gekeltert und vinifiziert werden (also keine Mischung aus weißen und roten Weinen). In Württemberg nennt man solch einen Rotling auch Schillerwein, in Baden Badisch Rotgold. Rotling ist jedoch der Oberbegriff.

Roséweine (italienisch: Rosato, spanisch: Rosado) werden in fast allen Weinbauländern erzeugt. Die Sorten sind je nach Anbaugebiet unterschiedlich, die Produktionsweise ist meistens die gleiche. Roséfarbene Schaumweine und Champagner erhalten ihre Farbe meistens durch die Zugabe einer geringen Menge Rotwein, gelegentlich auch durch Versekten von Rotweinen.

Weitere bekannte Rosé-Typen

Anjou: Loire. Sorten: Grolleau, Cabernet Franc, Cabernet Sauvignon, Gamay, Pineau d'Aunis, Côt (Malbec); Restsüße mindestens 7 g/l und meistens weniger als 20 g/l.

Clairet: Bordeaux. Sorten: Merlot, Cabernet Sauvignon, Cabernet Franc. Im Gegensatz zum Bordeaux Rosé ist der Clairet (eigene Appellation) etwas dunkler, eigentlich schon fast ein Rotwein. Leicht und gekühlt zu trinken.

Œil de Perdrix: Schweiz (Wallis und Neuchâtel). Sorte: Pinot Noir. Wörtlich: Rebhuhnauge – eine manchmal benutzte Beschreibung einer hellen rosé Farbe.

Pinot Gris de Gris: Luxemburg. Ein roséfarbener Wein aus Grauburgunder. Die Sorte zählt zwar zu den Weißweinsorten, besitzt aber eine rötliche Schale.

Provence: Die Provence ist der größte Rosélieferant Frankreichs (Appellation Côtes de Provence u.a.). Sorten: Syrah, Grenache, Cinsault, Carignan, Tibouren, Mourvèdre u.a.

Schilcher: Steiermark. Sorte: Blauer Wildbacher. Ein säurefrischer, herber Rosé aus einer seltenen autochthonen Sorte. Auch als Schilchersekt.

Tavel: Rhône. Dieser Cru steht ausschließlich für Rosé, und zwar einen kräftigen. Sorten: Grenache, Cinsault, Syrah, Carignan u.a.

White Zin (Blush): Kalifornien. Sorte: Zinfandel. Restsüßer, sommerlicher Rosé.

Schaumwein-Wissen

Jeder Schaumwein entsteht durch einen Gärungsvorgang, bei dem man das entstehende Kohlendioxidgas nicht entweichen lässt. Es bleibt also im Wein und sorgt darin für das Prickeln. Zugleich entsteht dabei auch Druck in der Flasche. Ein gewisser Mindestdruck ist vorgeschrieben, damit das Getränk Schaumwein heißen darf. Die Schaumweinsteuer postuliert einen Druck von mindestens 3 bar bei 20 Grad Celsius. Ein schäumender Wein mit geringerem Druck heißt Perlwein, auf Italienisch: Frizzante.

Der bei der Gärung des Mostes entstehende Kohlendioxiddruck wäre viel zu stark. Unterbricht man die Gärung etwa durch Filtrieren, wenn der gewünschte Druck erreicht ist, verbleibt jedoch noch unvergorener Zucker. Das Ergebnis wäre ein süß schmeckender Schaumwein. Dieses Verfahren wird gewöhnlich beim Asti DOCG und Moscato d'Asti DOCG angewandt.

Bei praktisch allen anderen Schaumweinen geht man folgendermaßen vor: Zunächst wird der Most zu Stillwein vergoren. Diesem werden erneut Hefe und etwas Zucker zugesetzt. Dadurch wird eine zweite Gärung eingeleitet – die Versektung. Das hierbei entstehende Kohlendioxidgas darf nicht entweichen. Die Hefe- und Zuckermischung ist so berechnet, dass nur der gewünschte Druck entsteht. Ein großer Vorteil dieses Verfahrens: Vor der Versektung kann durch die entsprechende Mischung der Grundweine ein Ergebnis erzielt werden, das unabhängig von Schwankungen des Jahrgangs immer gleich ist – der „Stil des Hauses". Die Kellermeister greifen bei dieser kunstvollen Tätigkeit auch auf „Reserve"-Weine aus früheren Jahrgängen zurück – weswegen im Normalfall kein Jahrgang auf dem Etikett einer Sekt- oder Champagnerflasche steht.

Je nachdem, ob die zweite Gärung in der Flasche (traditionelle, klassische Flaschengärung) oder in einem großen druckfesten Tank (Charmat-Methode) stattfindet, kann man die Schaumweine unterscheiden. Die Flaschengärung gilt als anspruchsvoller, denn es gibt keine Korrekturmöglichkeit mehr. Der Schaumwein verlässt die Flasche bis zum Konsum nicht mehr.

Die verbrauchte Hefe muss vor dem Verkauf entfernt werden. Bei der Flaschengärung geschieht dies durch das Degorgieren. Zuvor wurde der Hefesatz durch „Rütteln" der Flasche nach und nach in den Flaschenhals bugsiert. Während des Rüttelns wird die Flasche schrittweise auf den Kopf gestellt. Dieser wird in flüssigen Stickstoff getaucht. Beim Öffnen wird der dabei entstandene „Hefe-Eispfropf" entfernt. Anschließend wird ein Gemisch aus etwas Wein und Zucker („Versanddosage") in die Flasche gefüllt, je nach gewünschtem Süßegrad. Bei im Tank versekteten Schaumweinen kann die verbrauchte Hefe durch Filtern entfernt werden, was bedeutend weniger Aufwand verursacht. Als „Flaschengärung“ dürfen übrigens auch Schaumweine bezeichnet werden, die zwar in der Flasche versektet, dann aber zum Degorgieren in einen Tank umgefüllt wurden. Beide Verfahren haben ihre Anhänger und Gegner. Da die Charmat-Methode preiswerter ist, dürfte sie bei fast allen preiswerten Schaumweinen und allen Markensekten angewendet werden.

Immer in traditioneller Flaschengärung hergestellt sind:

Cava: Spanien. Sorten: Xarel·lo, Macabeo, Parellada. Die Appellation liegt in der Nähe von Barcelona.

Champagner: Champagne. Sorten: Pinot Noir (Spätburgunder), Pinot Meunier (Schwarzriesling), Chardonnay. Ein nur aus roten Trauben erzeugter Champagner ist ein Blanc de Noirs, während ein Blanc de Blancs ausschließlich aus Chardonnay gekeltert wurde.

Crémant: Elsass, Burgund, Loire, Bordeaux, Jura sowie einige AOCs in Südfrankreich. Sorten: je nach Herkunft. Crémant gilt als preiswerte Alternative zum Champagner.

Franciacorta: Lombardei. Sorten: wie Champagne. Franciacorta wird oft als „Champagne Italiens“ bezeichnet.

Trento DOC: Trentino. Sorten: Chardonnay, Pinot Noir, Pinot Blanc, Pinot Meunier

Winzersekt: Deutschland. Sorten nicht festgelegt. Muss immer aus Trauben des Erzeugerbetriebs hergestellt sein.

Auch in anderen Ländern und Herkunftsgebieten werden manche Schaumweine nach der klassischen Flaschengärmethode erzeugt.

Prosecco wird aus der Rebsorte gleichen Namens in einer DOCG-Herkunft im Veneto (bei Valdobbiadene und Conegliano) erzeugt, entweder als Spumante (Schaumwein) oder Frizzante (Perlwein). Außerhalb der DOCG (bis 2009: DOC Prosecco di Conegliano Valdobbiadene) können auch Schaum- oder Perlweine aus Prosecco (oft mit anderen Sorten) erzeugt werden. Diese trugen bislang die Herkunftsbezeichnung IGT (Indicazione Geografica Tipica), zukünftig DOC.

Jahrgangs-Schaumweine

Ist ein Schaumwein nur aus Weinen eines einzigen Jahrgangs erzeugt, darf er den Jahrgang auf dem Etikett tragen. Da dies nur in besonders guten Jahrgängen möglich ist, sind Jahrgangs-Schaumweine oder -Champagner teurer.

Typische Vokabeln:
Apfel, reifer Apfel, Zitrusfrüchte, Birne, Akazienblüte, Brioche, Mineralität; feinperlig, elegant, cremiges Mousseux, prickelnd, spritzig; ausgewogen, Fülle, Finesse.

Was Winzer sonst noch bieten

Erwarten Sie von einem Winzer ruhig mehr als „nur“ Wein und runden Sie Ihren Einkauf mit Spezialitäten ab. Vielfach handelt es sich dabei um besondere Hobbys oder Fertigkeiten des Winzers oder der Winzerin – gute Anlässe für ein nettes Gespräch.

Brände

Wer eine Wiese mit Obstbäumen hat, kommt irgendwann auf die Idee, edle Brände herzustellen. Ein Thema für sich. Wer selbst brennt, arbeitet mit handwerklicher Sorgfalt. Wie beim Wein ist die Qualität des Ausgangsmaterials – Früchte – entscheidend. Dann kommt es sehr darauf an, beim Destillieren das „Herzstück“ eines Brandes möglichst präzise einzufangen. Das Prinzip: Zerkleinerte Früchte in ihrem eigenen Saft (Maische) fangen von selbst an zu gären; der Zucker wird also in Alkohol umgewandelt – wie beim Wein. In Wahrheit handelt es sich um eine ganze Reihe verschiedener Alkohole, von denen einige „gut“ und andere „schlecht“ sind (Fuselöle, daher der Name Fusel für schlechten Schnaps). Destillieren heißt, die Alkohole, in denen die Aromastoffe gebunden sind, zum Verdampfen zu bringen. Das geschieht eher als beim Wasser; dadurch kann man Alkohole und Wasser trennen. Lässt man den Alkoholdampf erkalten, wird er wieder flüssig. Da die diversen Alkohole bei verschiedenen Temperaturen kondensieren, kann man mit etwas Geschick die qualitativ minderwertigen Verbindungen im „Vorlauf“ und im „Schwanz“ von den besten Alkoholen trennen, die sich im „Mittelteil“ befinden. Gute Spirituosen sind niemals stechend und kratzig, sondern zeigen sehr intensiv und rein die Fruchtaromatik.

Weinbrände

Sie entstehen, wenn man Wein destilliert. Das Destillat wird meist in Holzfässern gelagert und bekommt dadurch seine braune Farbe (mit Zuckercouleur kann der Brenner dem Farbton nachhelfen). Bekannte Weinbrände aus Frankreich sind Cognac und Armagnac. Aus Spanien kommt der Brandy de Jerez.

Tresterbrände, Grappa, Hefe- und Traubenbrände

Aus den Rückständen des Pressvorgangs lässt sich ein Destillat erzeugen, das den typischen Trester- und Sortengeschmack hat. Die festen Bestandteile der Traube enthalten nach dem Pressen immer noch genug Zucker und Traubensaft, um Alkohol entstehen zu lassen. In Italien nennt man Tresterbrände Grappa, in Frankreich Marc (sprich: Mahr). Heute wird oft reinsortiger Trester gebrannt, sodass Sie Grappa und Tresterbrände mit Sortenbezeichnung kaufen können. Ein Hefebrand wird durch das Destillieren des Alkohols gewonnen, der in dem bei der Gärung des Weins entstandenen Hefesatz noch vorhanden ist. Beim Abstich trennt der Winzer den Wein von diesem Hefesatz. Bei dessen Destillation muss sorgfältig gearbeitet werden, damit keine Fehlaromen entstehen. Ein Traubenbrand wird aus Trauben hergestellt, aber so, wie man einen Apfelbrand erzeugen würde: Die Trauben werden eingemaischt und vergären, ohne dass wie beim Weinbrand ein eigentlicher „Wein" erzeugt wird.

Liköre

Liköre sind aromatische und meist süße Getränke (in der EU mindestens 100 Gramm Zucker pro Liter). Dabei macht man sich die Eigenschaft des Alkohols zunutze, Aromen an sich zu binden. Man kann Kräuter oder Früchte in Alkohol ziehen (mazerieren) lassen und diesen aromatisierten Alkohol destillieren, wodurch sich die Aromen konzentrieren.

Aperitifs

Aus Wein, Schaumwein oder Perlwein lassen sich feine Aperitifs mischen, etwa indem Sie Fruchtsirup oder Kräuter beigeben. Probieren Sie die Spezialitäten, die der Winzer gefertigt hat.

Weingelees

Trauben kann man auch essen – besonders fein als Weingelee. Falls Sie schon zum Frühstück Lust auf Traubenerzeugnisse haben, ist Weingelee eine gute Alternative.

VI.

„Die Weinkarte, bitte"

„Der Wein ist der intellektuelle Teil eines Mahles.
Fleisch und Gemüse sind nur der materielle Teil."

Alexandre Dumas

Keine Angst vorm Sommelier

Im Restaurant kommen Sie mit dem in diesem Buch erlernten Weinwissen klar – denn auch an der Tafel wird gerne über Wein gesprochen. Ein wenig Hintergrundwissen ist dann nützlich. Vor allem bei geschäftlichen Essen zeigt sich auch beim Weinwissen, wer Ahnung hat und wer nicht. Und: In dieser Hinsicht Ahnung zu haben, ist auch ein Grund, positiv aufzufallen. In vielen Ländern zählt Weinwissen zur Allgemeinbildung. Sind Sie Gast, ist es angebracht, den von Ihrem Geschäftspartner georderten Wein mit ein paar angemessenen Bemerkungen zu würdigen. Einen Spruch wie „Zu Hause habe ich aber einen besseren" sollten Sie tunlichst vermeiden.

Weinkarten sind Verzeichnisse der im Keller vorhandenen Weine, aber leider keine Anleitung, welcher Wein für Ihr Essen der passende wäre. Sie können schon an der Weinkarte erkennen, wie viel Kompetenz in Sachen Wein im Haus herrscht.

Gute Weinkarten

... sind nicht zu umfangreich, es sei denn, Sie sind in einem Sternetempel (dort sind mehrere Hundert „Positionen“ auf der Weinkarte üblich)

... sind nach Anbaugebieten und Weinarten (Weiß, Rot, Rosé usw.) sortiert, die Weine sind korrekt zugeordnet (ein Blanc de Noirs nicht bei den Rotweinen!)

... nennen den korrekten Jahrgang und die vollständige Weinbezeichnung

... nennen den Erzeuger und das Anbaugebiet

... sind fehlerlos bis in die Akzente (dagegen wird leider sehr häufig verstoßen, ein Ärgernis für jeden Weinfreund)

... geben, falls nicht Teil der Weinbezeichnung, Aufschluss über die Rebsorte(n) und die Art des Ausbaus (z.B. Barrique)

... charakterisieren den Wein und empfehlen Speisen dazu

... erläutern den Erzeuger

... erklären, wo das Anbaugebiet liegt

... bieten in Weinregionen immer eine gute Auswahl regionaler Gewächse

... spiegeln die Herkunft des Wirtes wider (der zum Beispiel Weine aus seiner Heimat importiert)

... führen bekannte Winzer und Weine, aber auch den einen oder anderen „Geheimtipp“

Weniger gute Weinkarten

... sind lieblos aufgemacht (schmutzig, Stempel „ausgetrunken“ oder von Hand überschriebene Jahrgänge)
... führen fehlerhafte und unvollständige Weinbezeichnungen auf
... nennen keine Erzeuger
... erläutern, wenn überhaupt, den Wein mit Allerweltsvokabeln: „fruchtig, langer Abgang“
... bieten selbst in Weinregionen wenige oder keine regionalen Tropfen

Offene Weine oder Flaschenweine?

Wird die eigentliche Weinkarte nur nach Verlangen „herausgerückt“, ist das ein Hinweis darauf, dass Wein in diesem Restaurant ein Schattendasein fristet. Wein gehört zum Essen und sollte selbstverständlich angeboten werden. Zumindest sollten Sie unaufgefordert gefragt werden, ob Sie die Weinkarte wünschen.

In der Regel werden „offene“ Weine mit den üblichen Getränken auf der Getränke- oder Speisekarte geführt. Da gibt es in der Regel zwei, drei Weiß- und Rotweine, vielleicht auch einen Rosé. Auch hier gelten die oben genannten Gesichtspunkte. Offen angebotene Weine müssen mit demselben Respekt vor dem Produkt behandelt werden wie eine teure Flasche. Im optimalen Falle findet sich der Erzeuger des offenen Weins auch auf der Liste mit den Flaschenweinen.

Manche Restaurants bieten einen „Hauswein“ an. Das ist in der Regel keine schlechte Wahl. Wie der Wein, so das Haus! Zum Mittagessen oder in der „Touristenklasse“ geht so ein Hauswein in Ordnung und ist ein guter Indikator für die allgemeine Qualität des Restaurants.

Ein gutes Zeichen ist ein „Wein der Woche“, der vielleicht an einer Wandtafel angepriesen wird. Noch besser, wenn es dazu auch eine passende Speise gibt.

Flaschenweine kommen infrage, wenn zwei oder mehr Personen am Tisch Wein trinken (Autofahrer ausgenommen). Umgerechnet auf die Menge, sind sie meistens günstiger als Weine aus dem Offenausschank. In guten Restaurants wird man Ihnen auf Wunsch auch einen Flaschenwein glasweise kredenzen. Manchmal wird dann einfach „nach Verbrauch“ abgerechnet. Es soll Restaurants geben, in denen Gäste die nicht restlos geleerte Flasche als eine Art flüssiges „Doggie-Bag“ mit nach Hause nehmen können.

Die Sache mit den Preisen

Während in Italien, Frankreich oder Spanien Wein zur Tafelkultur gehört und entsprechend günstig im Restaurant angeboten wird, schlagen deutsche Gastronomen oft weit mehr als 300 Prozent drauf. Das ist bedauerlich, aber zum Glück gibt es auch Ausnahmen. Manche weinbegeisterte Wirte kalkulieren kleinere Aufschläge.

Eine Flasche Wein sollte für deutlich weniger als 20 Euro zu haben sein – sonst sind Sie in einem Nobelschuppen gelandet. Gehobenere Qualitäten kosten je nach Klasse des Restaurants 35 bis 45 Euro pro Flasche. Nach oben sind keine Grenzen gesetzt. In der Luxuskategorie sind die Preise dagegen oft erstaunlich günstig. Sie können auf Weinkarten Bordeaux-Raritäten finden, für die Sie im Handel weit mehr bezahlen müssten. Sie wurden einmal per Subskription günstig eingekauft und sind später im Preis gestiegen.

Überhaupt sind in der Gastronomie die teureren Weine eigentlich die günstigeren, denn bei ihnen kann der Wirt die Marge nicht so hoch ansetzen. Einen einfachen Wein kauft er zum Einkaufspreis von vielleicht 2,50 oder 3,50 Euro pro Flasche. Wenn er diesen zu 18 Euro auf die Weinkarte setzt, ist das eine stattliche Marge. Kostet der Wein schon im Einkauf 10 Euro, lässt sich der gleiche prozentuale Aufschlag kaum verwirklichen.

In Weinregionen sind die Weine aus der Gegend auf den Weinkarten immer preiswert, denn hier kennt jedermann die Preise. Es gibt teure und weniger teure Erzeuger und Regionen das hängt mit dem Renommee zusammen. Weine aus Bordeaux, Burgund und der Champagne, aus Italien der Barolo, der Brunello sowie Chianti Classico, aus Spanien Rioja, Ribera del Duero und Priorato sind weltweit sehr beliebt und gefragt und dementsprechend teuer. Das

Gleiche gilt für die „üblichen Verdächtigen“, also die Erzeuger, über die viel geschrieben wird. Vorsicht bei Hinweisen auf „Parker-Punkte“! Zum Glück gibt es auf guten Weinkarten Alternativen, die preiswert und fast ebenso gut sind, nur eben nicht so bekannt. Hier zahlt sich ein wenig Weinwissen, auch das Vertrauen in die Kompetenz des Wirtes, in barer Münze aus!

Teuer: klassifizierte Bordeaux-Crus
Preiswertere Alternativen: Cru Bourgeois, Zweitweine*, AOC Fronsac, Bergerac

Teuer: Barolo
Preiswertere Alternativen: Nebbiolo d’Alba, Barbaresco (gleiche Rebsorte)

Teuer: rote Burgunder von der Côte d’Or
Preiswertere Alternativen: Hautes Côtes de Nuits, Hautes Côtes de Beaune, Givry

Teuer: Rioja, Ribera del Duero
Preiswertere Alternativen: andere Appellationen wie Valdepeñas, Toro usw.

Teuer: Champagner
Preiswertere Alternativen: Crémant de Loire, Crémant de Bourgogne, Cremant d’Alsace, deutscher Winzersekt

* Definition auf der nachfolgende Seite.

Zweitweine sind Weine aus bekannten Bordeaux-Gütern, die zum Beispiel aus Reben gewonnen werden, die für den Hauptwein noch „zu jung" sind. Sie stammen aus dem gleichen Keller wie die „Großen". Bekannt sind etwa der „Carruades de Lafite" (Zweitwein von Lafite-Rothschild) oder der „Clos du Marquis" (Zweitwein von Léoville-Las-Cases).

Lassen Sie sich beraten

In jedem Falle sollten Sie sich beraten lassen. Fragen Sie, welchen Wein der Sommelier oder Kellner zu Ihrem Essen empfehlen würde. Kommt eine kompetente Antwort, umso besser. Ein guter Sommelier oder Weinkellner wird Ihnen schon aus Berufsehre den optimalen Wein empfehlen. Spüren Sie dagegen, dass Sie mit Floskeln abgefertigt werden sollen, wissen Sie, wie es um die Weinkultur in diesem Restaurant bestellt ist. Sie können dann immer noch den Wein ordern, den Sie sich ausgesucht haben.

Ein guter Sommelier (nicht jedes Restaurant hat einen) kennt den Wein, seine „Biografie" und seinen Erzeuger. Er sollte in der Lage sein, Ihnen durch seine Erläuterungen Lust auf den Wein zu machen. Übrigens: Es macht Spaß, sich von einem guten Sommelier überraschen zu lassen. Manche Kellner lassen Sie gerne erst einmal raten, was sie Ihnen kredenzen (keine Angst, auch Kenner scheitern dabei regelmäßig). Wie ein guter Gastgeber zu Hause genießt es der Weinkellner, wenn Sie seinen Tipp mit Beifall quittieren. Deshalb müssen Sie nicht befürchten, Ihnen würde ein überteuerter Ladenhüter angedreht. Sie können übrigens durchaus eine Preisgrenze vorgeben.

Korrekter Service: Der Wein muss am Tisch vor Ihren Augen geöffnet werden (wenn man Ihnen die schon geöffnete Flasche an den Tisch bringt, ist das ein schlechtes Zeichen).

Zuerst wird Ihnen das Etikett gezeigt (stimmt es mit dem Wein überein, den Sie geordert haben? Achten Sie auf den Jahrgang!), dann ein Probeschluck eingegossen.

Der Probeschluck: Es ist üblich, dass man die Person, die den Wein bestellt – natürlich auch eine Dame! –, den Wein probieren lässt. Sie können aber jemand anderen an Ihrem Tisch bestimmen. In manchen Häusern nimmt der Sommelier einen Probeschluck vor Ihren Augen – eine etwas merkwürdige Art. Sie bezahlen den Wein und haben ein Recht auf jeden Tropfen. Traut man Ihnen etwa kein Urteil zu? Etwas anderes ist die Geruchsprobe am Korken. Allerdings erkennt man Korkfehler prinzipiell am Wein, nicht am Korken.

Sie prüfen nun, ob der Wein in Ordnung ist und bestätigen dies durch ein kurzes Nicken. Haben Sie Zweifel (Korkschmecker?) oder schmeckt Ihnen der Wein nicht, müssen Sie jetzt reklamieren. Zuvor können Sie eine andere Person probieren lassen.

Ein Wein mit Korkverdacht wird in guten Restaurants anstandslos zurückgenommen. Fängt die Servicekraft an, mit Ihnen zu diskutieren, ist das schlecht. Welcher gute Gastgeber setzt seinen Gast dem blamablen Gefühl aus, vor aller Augen und vielleicht noch vom Geschäftsführer persönlich der Unkenntnis bezichtigt zu werden? Ist der Wein in Ordnung, entspricht aber nicht Ihren Vorstellungen („Ach, der ist ja restsüß!"), ist es eine Frage der Kulanz. Sie haben keinen rechtlichen Anspruch auf Umtausch.

Ordentliche Gläser sollten in guten Restaurants selbstverständlich sein. Leider gibt es viel zu viele Ausnahmen, übrigens auch in Weinländern wir Frankreich. Manche Regionen wie das Elsass haben spezielle Gläser, die dummerweise den Genuss schmälern. In vielen Straußwirtschaften in Deutschland – darunter versteht man den während der Saison geöffneten Gutsausschank in einem Weingut – lässt sich da leider wenig machen. Man stellt Ihnen das grifflose Dubbeglas (Pfalz), den klobigen Römer (Mosel und anderswo) oder das Vierteles-Glas mit Henkel (Württemberg) einfach vor die Nase. Nehmen Sie es gelassen und meiden Sie diesen Ort künftig. Glasbruch ist ein teurer Spaß für den Gastronomen. Deshalb kann man nicht überall mundgeblasene Sommelier-Gläser verlangen. Aber saubere, nicht allzu dickwandige, schlanke Gläser sollten vorausgesetzt werden können.

Weißweine, Rosés und Schaumweine sind in einem Eiswassereimer oder Kühler am Tisch aufzubewahren. In einer Straußwirtschaft oder einer urigen spanischen Bodega wird auf solchen Luxus nicht immer Wert gelegt; ein entsprechender Wunsch kann nicht erfüllt werden. Schade, denn ein Kühler erhöht den optischen und sensorischen Genuss und „macht etwas her“ – bei doch geringem Aufwand.

Die Frage, ob ein Rotwein zu dekantieren ist, sollten Sie der Servicekraft überlassen. Das wird im Restaurant meist nur bei alten Jahrgängen oder Vintage-Port gemacht. Manche alten Flaschen werden auch liegend in einem Korb serviert. Allerdings sollte sie dann auch entsprechend vorsichtig geöffnet werden. Der Grund: Das Depot, das sich bei liegender Aufbewahrung an der Flaschenwand gebildet hat, soll nicht aufgerührt werden. Nur in ganz gehobenen Restaurants fragt man Sie schon bei der Tischbestellung nach Ihrem Weinwunsch, damit eventuell die Flasche ein paar Stunden vorher geöffnet werden kann. Sinnvoller ist allemal das Dekantieren, denn die Berührungsfläche, die der Wein in der offenen Flasche mit dem Luftsauerstoff hat, ist viel zu klein – kaum größer als eine Euromünze. Da kann der Wein auch nach acht Stunden nur wenig „geatmet“ haben.

Helfen Sie nach

In den meisten „normalen“ Restaurants wird nicht vorausgesetzt, dass der Gast Wein trinken möchte (warum wohl?!).

Aber auch dort, wo man Ihnen ungefragt die Weinkarte vorlegt, wird deren Potenzial meist wenig genutzt. Zunächst ist es eigentlich eine Zumutung, dem Gast eine seitenlange Lektüre zuzumuten oder ihn zu Fragen nach dem Wein zu nötigen. Ein guter Gastgeber schlägt Ihnen einen guten Wein vor. Das würden Sie zu Hause auch so machen, oder schicken Sie Ihre Gäste mit einer Liste in den Keller?

Zwar wird gelegentlich gefragt, ob Sie einen Aperitif mögen. Aber dass zu mehreren Gängen auch verschiedene Weine gehören können (zur Vorspeise vielleicht ein offener, zum Hauptgericht eine Flasche), wird in der Regel nicht abgefragt. Ganz selten wird der Gast gefragt, ob er zum Dessert vielleicht einen Süßwein möchte. Sehr schade, denn dies kann ein besonderer Genuss sein. Scheuen Sie sich nicht, danach zu fragen! Auch ein Digestif, Obstbrand oder Grappa ist eine herrliche Abrundung eines genussvollen Mahls. Doch leider sind es meistens nur italienische Gastronomen, die von sich aus einen Grappa anbieten (in griechischen Restaurants gibt es oft einen Ouzo gratis, immerhin!).

Als Gast sollten Sie in solchen Fällen – natürlich freundlich und niemals von oben herab – ein wenig nachhelfen. Sie werden sehen, dass Sie so in ein Gespräch kommen, bei dem Sie manches erfahren und lernen können. Übrigens auch, zu welchen Speisen ein frisch gezapftes Pils einfach besser als jeder Wein passt!

VII.

Anhang

*„Das Leben ist zu kurz,
um schlechten Wein zu trinken."*

Goethe

Erste Hilfe im Ausland

Wein-Urlauber wissen: Sprachbarrieren sind Genussbremsen und können sogar vom Besuch eines Weinguts abschrecken. Auch die Schulbildung hilft da meist nicht weiter. Ihr Englisch reicht vielleicht, um eine Short Story zu interpretieren. Aber eine Pulle Chardonnay beim Winzer kaufen oder gar kommentieren? Au weia! Zum Glück gibt es einschlägige Wörterbücher für Gourmets, und wenn der Winzer Ihnen erst mal sein Weingut erklärt, lernen Sie ganz schnell die nötigen Ausdrücke. Unser Glossar bietet Erste Hilfe für die Kontaktanbahnung – ohne Anspruch auf Vollständigkeit!

Englisch	Deutsch
wine	Wein
winery / estate	Weingut
vineyard	Weinberg
winemaker / vintner / grower	Winzer
harvest	Ernte / Lese
red wine	Rotwein
white wine	Weißwein
rosé	Rosé
sparkling (wine)	Schaumwein (Crémant)
Hello / Good afternoon / Good morning / Hi	Guten Tag / Hallo
Good-bye / Bye	Auf Wiedersehen
Thank you (so much)	Vielen Dank
I would like to taste a wine.	Ich möchte gerne einen Wein verkosten.
We would like to taste your wines.	Wir möchten gerne Ihre Weine verkosten.
We would like to visit your winery.	Wir möchten gern Ihr Weingut besichtigen.
When would it be convenient?	Wann ist es Ihnen recht?
Can you recommend us a good restaurant?	Wo kann man hier gut essen?

The wine list, please.	Die Weinkarte, bitte.
Do you have a price list, please?	Haben Sie eine Preisliste?
I/We like this wine very much.	Dieser Wein gefällt mir/uns sehr gut.
What food would you match with this wine?	Welche Speisen empfehlen Sie zu diesem Wein?
Which wine would you serve with this food?	Welchen Wein empfehlen Sie zu dieser Speise?
We/I would like to buy/order twelve bottles of your Riesling.	Wir möchten/Ich möchte gerne 12 Flaschen von Ihrem Riesling kaufen/bestellen.

Englisch auf dem Etikett

Aged in barrels/barrel-aged/oak-aged	im Holzfass/Barrique gereift
Barrel-fermented	im Barrique vergoren
(Grape) variety	Rebsorte
Hand-picked	von Hand gelesen
Vintage	Jahrgang
Estate Bottled	Erzeugerabfüllung
Single vineyard	aus einem Weinberg (Einzellage)

Französisch	Deutsch
le vin	Wein
le domaine viticole (in Bordeaux: le château)/ l'exploitation (f)/viticole	Weingut
le vignoble	Weinberg
le viticulteur/le vigneron	Winzer
la récolte	Ernte/Lese
le vin rouge	Rotwein
le vin blanc	Weißwein
le rosé	Rosé
le (vin) mousseux/ le crémant/le champagne (nur in der Champagne)	Schaumwein (Crémant)
Bonjour (Monsieur/Madame/ Messieurs-Dames)	Guten Tag/Hallo
Au revoir (Monsieur/Madame/ Messieurs-Dames)	Auf Wiedersehen
Merci (beaucoup)	Vielen Dank
J'aimerais déguster un vin, s'il vous plaît.	Ich möchte gerne einen Wein verkosten.
Nous aimerions déguster vos vins.	Wir möchten gerne Ihre Weine verkosten.

Pourrions-nous visiter votre domaine/votre cave, s'il vous plaît?	Wir möchten gern Ihr Weingut besichtigen.
Quand / A quelle heure est-ce que cela vous convient?	Wann ist es Ihnen recht?
(Est-ce que) vous connaissez un bon restaurant près d'ici?	Wo kann man hier gut essen?
La carte des vins, s'il vous plaît.	Die Weinkarte, bitte.
Vous avez les tarifs, s'il vous plaît?	Haben Sie eine Preisliste?
J'aime bien / On aime bien ce vin.	Dieser Wein gefällt mir / uns sehr gut.
Quel mets s'accorde bien avec ce vin, selon vous?	Welche Speisen empfehlen Sie zu diesem Wein?
Quel vin s'accorderait le mieux avec ce mets?	Welchen Wein empfehlen Sie zu dieser Speise?
On aimerait / J'aimerais acheter / commander douze bouteilles de votre Riesling.	Wir möchten / Ich möchte gerne 12 Flaschen von Ihrem Riesling kaufen / bestellen.

Französisch auf dem Etikett

Elevé en fûts (de chêne). . . . . . im Holzfass/ Eichenfass ausgebaut
(le) cépage . . . . Rebsorte
(le) millésime . . . . Jahrgang
Millésimé. . . . . Jahrgangs-
Assemblage (m.) . . . . Cuvée
Mis(e) en bouteille au domaine/au château . . . . . . Erzeugerabfüllung

Luxemburgisch	Deutsch
Wäin	Wein
Domaine	Weingut
Wéngert	Weinberg
Wënzer	Winzer
Rekolt/Lies	Ernte/Lese
roude Wäin	Rotwein
wäisse Wäin	Weißwein
Rosé	Rosé
Crémant	Schaumwein (Crémant)
(E schéine) gudde Moien	Guten Tag/Hallo
Äddi/Awuar (Awuer)	Auf Wiedersehen
Merci	Vielen Dank
Ech géing gär e Wäi schmaachen..	Ich möchte gerne einen Wein verkosten.

Mir géinge gär Är Wäiner schmaachen. . . . . Wir möchten gerne Ihre Weine verkosten.

Mir giffe gär Ären Domaine kucke goen. . . . . Wir möchten gern Ihr Weingut besichtigen.

Wéini geet et Iech? . . . . Wann ist es Ihnen recht?

Wou kann een hei gutt iessen?. . . . . Wo kann man hier gut essen?

D'Wäikaart, wann ech gelift! . . Die Weinkarte, bitte.

Hutt Dir eng Präislëscht? . . . . Haben Sie eine Preisliste?

Dëse Wäi gefält mir/ eis ganz gutt. . . . . Dieser Wein gefällt mir/uns sehr gut.

Wat fir e Plat recommandéiert Dir bei dësem Wäin?. . . Welche Speisen empfehlen Sie zu diesem Wein?

Wat fir Wäiner recommandéiert Dir bei dësem Iessen? . . . Welchen Wein empfehlen Sie zu dieser Speise?

Mir géinge gär/Ech géing gär zwielef Fläsche vun Ärem Riesling kafen/bestellen. . . . . . Wir möchten/Ich möchte gerne 12 Flaschen von Ihrem Riesling kaufen/bestellen.

Die Sprache der luxemburg. Weinetiketten ist Französisch.

Italienisch	Deutsch
il vino	Wein
la tenuta / l’azienda agricola	Weingut
il vigneto	Weinberg
il viticoltore	Winzer
la vendemmia.	Ernte / Lese
il vino bianco	Rotwein
il vino rosso	Weißwein
il rosato	Rosé
lo spumante	Schaumwein (Crémant)
Buon giorno / Ciao.	Guten Tag / Hallo
Arrivederci.	Auf Wiedersehen
Grazie	Vielen Dank
Vorrei degustare un vino.	Ich möchte gerne einen Wein verkosten.
Vorremmo degustare i Vostri vini.	Wir möchten gerne Ihre Weine verkosten.
Noi vogliamo la Sua cantina guardare.	Wir möchten gern Ihr Weingut besichtigen.
Quando Le andrebbe bene?	Wann ist es Ihnen recht?
Dove si può mangiare bene qui nei dintorni?	Wo kann man hier gut essen?
Ecco la lista dei vini	Die Weinkarte, bitte.
Ha un listino prezzi per cortesia?	Haben Sie eine Preisliste?

Questo vino mi piace/ ci piace molto.	Dieser Wein gefällt mir/uns sehr gut.
Quali piatti consiglia in abbinamento a questo vino?	Welche Speisen empfehlen Sie zu diesem Wein?
Quale vino consiglia in abbinamento a questi piatti?	Welchen Wein empfehlen Sie zu dieser Speise?
Vorremmo/Vorrei acquistare/ordinare dodici bottiglie del Vostro Riesling.	Wir möchten/Ich möchte gerne 12 Flaschen von Ihrem Riesling kaufen/bestellen.

Italienisch auf dem Etikett

Imbottigliato da	abgefüllt von
Invecchiamento	Reifung
Botti di legno	Holzfässer
Denominazione di Origine Controllata (DOC)	kontrollierte Herkunftsangabe
IGT (Indicazione Geografica Tipica)	entspricht der Kategorie Landwein
Uva	Traube

Spanisch	Deutsch
el vino	Wein
la bodega / el viñedo	Weingut
la viña	Weinberg
el viticultor	Winzer
la vendimia	Ernte / Lese
el vino tinto	Rotwein
el vino blanco	Weißwein
el rosado	Rosé
el espumoso / el cava	Schaumwein (Crémant)
Buenos días / Buenas tardes / Hola	Guten Tag / Hallo
Adiós, señor / señora	Auf Wiedersehen
Gracias / Muchas gracias	Vielen Dank
Me gustaría probar / catar un vino, por favor.	Ich möchte gerne einen Wein verkosten.
Quisiéramos probar sus vinos, por favor.	Wir möchten gerne Ihre Weine verkosten.
Quisiéramos visitar su viñedo, por favor.	Wir möchten gern Ihr Weingut besichtigen.
¿Cuándo le va bien?	Wann ist es Ihnen recht?
¿Dónde se puede comer bien aquí?	Wo kann man hier gut essen?
La carta de vinos, por favor.	Die Weinkarte, bitte.

¿Tiene Usted una lista de precios?	Haben Sie eine Preisliste?
Este vino me/nos gusta mucho.	Dieser Wein gefällt mir/uns sehr gut.
¿Qué platos recomienda para este vino?	Welche Speisen empfehlen Sie zu diesem Wein?
¿Qué vino acompaña este plato?	Welchen Wein empfehlen Sie zu dieser Speise?
Quisiéramos/Quisiera comprar/encargar doce botellas de su Riesling, por favor.	Wir möchten/Ich möchte gerne 12 Flaschen von Ihrem Riesling kaufen/bestellen.

Spanisch auf dem Etikett

Embotellado por	abgefüllt von
Elaborado	ausgebaut/vinifiziert
Envejecimiento	Reifung
Barrica	Barrique
Madera	Holz
Uva	Traube
Variedad	Rebsorte
Crianza	mind. 6 Monate gereift
Consejo Regolador	Kontrollrat einer DO
Cosecha	Jahrgang

Glossar

Kurzbiografien

Dr. Rolf Klein

geboren 1959 in Worms, promovierter Romanist, war acht Jahre lang Chefredakteur der Zeitschrift „weinwelt“, seit 2007 ist er freier Journalist. Er ist als Moderator und Fachmann bei Weinmessen und Verkostungen aktiv. Rolf Klein hat mehrere Bücher zum Thema Wein veröffentlicht, zuletzt „Weinfrauen – Die besten Winzerinnen Europas und ihre Weine“.

Tanja Klein

geboren 1966 in Düsseldorf, Studium der Geschichte und des Literaturübersetzens, ist seit 2000 freie Journalistin. Auch ihr Themenschwerpunkt ist die Kulinarik.

Beide leben, mit Sohn David, in Speyer und betreiben gemeinsam das Journalistenbüro „Genüsslich“. Von ihnen gemeinsam ist zuletzt im B3 Verlag der Band „Genießen unter freiem Himmel – Rhein-Neckar“ erschienen.

Gabriel Schirmer

geboren 1973. Studium Geschichte, Politikwissenschaft und Grafikdesign in Trier und Frankfurt am Main. Arbeitet seit 2002 als Illustrator in Frankfurt.
www.gabrielschirmer.de

Notizen

. . . .

. . . .

. . . .

. . . .

. . . .

. . . .

. . . .

. . . .

Wein . . . .

. . . .

Erzeuger . . . .

Farbe . . . .

Duft . . . .

Geschmack . . . .

Preis. . . . .

Passt zu . . . .

Bemerkungen . . . .

. . . .

Wein . . . .

. . . .

Erzeuger . . . .

Farbe . . . .

Duft . . . .

Geschmack . . . .

Preis. . . . .

Passt zu . . . .

Bemerkungen . . . .

. . . .

Wein . . . .

. . . .

Erzeuger . . . .

Farbe . . . .

Duft . . . .

Geschmack . . . .

Preis. . . . .

Passt zu . . . .

Bemerkungen . . . .

. . . .

Wein . . . .

. . . .

Erzeuger . . . .

Farbe . . . .

Duft . . . .

Geschmack . . . .

Preis. . . . .

Passt zu . . . .

Bemerkungen . . . .

. . . .

Wein . . . .

. . . .

Erzeuger . . . .

Farbe . . . .

Duft . . . .

Geschmack . . . .

Preis. . . . .

Passt zu . . . .

Bemerkungen . . . .

. . . .

Wein . . . .

. . . .

Erzeuger . . . .

Farbe . . . .

Duft . . . .

Geschmack . . . .

Preis. . . . .

Passt zu . . . .

Bemerkungen . . . .

. . . .

Wein . . . .

. . . .

Erzeuger . . . .

Farbe . . . .

Duft . . . .

Geschmack . . . .

Preis. . . . .

Passt zu . . . .

Bemerkungen . . . .

. . . .

Wein ....

....

Erzeuger ....

Farbe ....

Duft ....

Geschmack ....

Preis ....

Passt zu ....

Bemerkungen ....

....

Wein ....

....

Erzeuger ....

Farbe ....

Duft ....

Geschmack ....

Preis ....

Passt zu ....

Bemerkungen ....

....

Wein . . . .

. . . .

Erzeuger . . . .

Farbe . . . .

Duft . . . .

Geschmack . . . .

Preis. . . . .

Passt zu . . . .

Bemerkungen . . . .

. . . .

Wein . . . .

. . . .

Erzeuger . . . .

Farbe . . . .

Duft . . . .

Geschmack . . . .

Preis. . . . .

Passt zu . . . .

Bemerkungen . . . .

. . . .

Weitere Bücher zum Thema aus dem B3 Verlag

Das Kronenschlösschen Kochbuch

Speisen und Weine in perfekter Harmonie

Das Hotel-Restaurant Kronenschlösschen ist eine der Topadressen im Rheingau und weit über die Region hinaus als Veranstalter des Rheingau-Gourmet-Festivals bekannt. Die Weinkarte wurde bereits mehrfach ausgezeichnet, u.a. als „Beste Rieslingkarte Deutschlands". Dem perfekten Zusammenspiel von Speisen und Wein gilt die besondere Aufmerksamkeit und es ist das Aushängeschild des Hauses. Das Kronenschlösschen Kochbuch folgt dieser Philosophie und stellt Gerichte sowie Weinbeschreibungen gleichberechtigt nebeneinander.

„... es ein Kochbuch zu nennen ist deutlich untertrieben ..."
(Gault Millau)

Das Kronenschlösschen Kochbuch
216 Seiten · Format 30 x 21 cm · 160 Abbildungen
ISBN 978-3-938783-27-6 · Preis € 38,–

August F. Winkler · Das Genusslexikon

Von A wie „Amuse-Gueule“ bis Z wie „Zigarre“

Der bekannte Kritiker und Gastrosoph August F. Winkler stellt in diesem Buch mehr als 300 Begriffe aus der Welt des Genießens vor. Unterhaltsam und amüsant erklärt er die Geschichte und Entstehung geläufiger Gerichte und Sitten. August Winkler vermittelt erzählerisch ein Basiswissen rund um den gedeckten Tisch, für gestandene Feinschmecker und Einsteiger.

„… ein ebenso amüsantes wie informatives Kompendium.“ (Nordwestzeitung)

Das Genusslexikon

336 Seiten · Format 16,8 x 10,8 cm · Illustrationen
ISBN 978-3-938783-24-5 · Preis € 16,90

Weitere Bücher zum Thema aus dem B3 Verlag

Geniessen unter freiem Himmel – Die schönsten Plätze für den Sommer

Mit dieser Reihe kommt erstmals eine völlig neue Variante eines Restaurantführers auf den Markt. Journalistisch wertfrei und nur dem eigenen Gewissen der Autoren verpflichtet, werden die Bücher unabhängig von jeglichen wirtschaftlichen Interessen der Herausgeber und der Gastronomie geschrieben. Sie enthalten weder Inserate noch bezahlte PR-Berichte. Im Fokus steht die klimatisch schönste Zeit des Jahres, in der auf sommerlichen Terrassen, in Gärten und Innenhöfen aufgetragen wird. Es finden sich Betriebe unterschiedlicher Couleur, von der Straußwirtschaft bis zum Gourmettempel, die für den jeweiligen Anlass das Richtige bieten.

Die Bände erscheinen für jeweils eng umgrenzte Regionen.

Sabine Fladung – Rheingau
75 Gutsschänken & Restaurants
2. Auflage 2008 · ISBN 978-3-938783-02-8

Tanja Klein, Rolf Klein – Rhein-Neckar
75 Lokale & Restaurants
1. Auflage 2008 · ISBN 978-3-938783-41-2

Matthias F. Mangold – Deutsche Weinstraße
75 Weinstuben & Restaurants
1. Auflage 2008 · ISBN 978-3-938783-43-6

Alle Bände erscheinen im Format 21 x 12,2 cm
96 Seiten · ca. 85 Abbildungen · zahlreiche Tipps regionaler Prominenz · Preis je € 12,–

Weitere Regionen und Titel unter www.bedrei.de